禪味關東

古寺散步

秦就——著

【自序】

武家古都鎌倉、江戸古寺散步

蜀地雲高，扶桑水快，前身後身，一彩兩賽。

這是生於宋代四川，圓寂於鎌倉建長寺的蘭溪道隆禪師語錄中的一段話，在這位後半生都在日本度過、對日本禪宗興盛有莫大貢獻的禪師眼裡，漢地、東瀛佛教的流傳是各有千秋的。

鎌倉做為日本禪宗重要的發源地，不斷吸引後人前來探索、瞻仰、參禪。

不覺從前大覺尊，照東方土破群昏。
篙師得力西來意，下載清風月一痕。

這是江戸時代人稱一休和尚再世的澤庵宗彭禪師在瞻仰鎌倉建長寺時，特地拜見謚號大覺禪師的蘭溪道隆禪師像後，所留下的詩作。事實上，澤庵禪師不

只到建長寺，他參訪眾多的鎌倉寺院，並將所思所見所聞記錄下來而輯成《鎌倉巡禮記》。

日本禪宗的發展和鎌倉習習相關。到了現代，西方人因鈴木大拙等人的介紹而對禪（Zen）產生興趣，其實鈴木的參禪經驗多來自鎌倉寺院。而東京則是對於近代日本的發展密不可分的地方，這也是為什麼本書內容會以鎌倉和東京的寺院為主的原因。

到日本旅行經常坐新幹線的人會發現，如果從福岡坐到東京，會發現原本坐的JR西日本的車，坐一坐會變成JR東日本，同一車輛，路線卻分屬不同的鐵路公司。

事實上，日本自古以來就有西國和東國之分。

西國的政經主要範圍一直在京都、奈良、大阪一帶，尤其從奈良遷建都平安京——京都之後，京都成為千年古都。

但其間東國也有兩度站上推動歷史舞台的位置，就是武家政權的建立。征夷大將軍的幕府所在，就是全日本政治的中心，這兩處幕府所在地分別位於鎌倉及江戶（今之東京），也因此日本歷史有所謂的鎌倉及江戶時代。

平安時代末期，宋、日貿易興盛。到了鎌倉時代，宋錢在日本國內普遍流通，謎一樣的鎌倉大佛，很可能就是宋錢熔鑄成的，同時也見證了當代東亞貿易及佛法流傳的軌跡。

接著東亞發生了天翻地覆的變化，蒙古滅南宋，元帝國統治了東亞的大部分地區。許多宋代禪僧為存法脈，不辭風濤，遠赴東瀛，同時也為日本佛教帶來一股清新的氣息。由於京都原本的既有宗派，多不願接受禪宗，於是這些宋僧便來到鎌倉，並獲得實際掌控政治運作的執權北條氏的支持，禪宗因而得以在日本立穩腳跟。

就在這個時刻，蒙古揮軍指向東瀛，日本人心惶惶、風雨飄搖，眼看國家就要被外來民族所占領，禪宗在這時扮演起安定人心的角色，北條家的執權因參禪而得以堅定信心，日本上下備戰，加上「神風」之助，終於轉危為安。

後來臨濟宗五山制度建立，分別訂立了京都、鎌倉五山。雖然鎌倉時代創立建長寺的蘭溪道隆禪師主張「不立文字」，但後來的無學祖元、一山一寧等禪師，通過文學而獲得執權的信任。室町時代鎌倉五山和京都五山，成為後世五山文學的重鎮，甚至為幕府起草外交文書，其重要性已不言可喻，這就是本書特別介紹鎌倉五山的原因。

日本經歷漫長、動亂的戰國時代，豐臣氏短暫統一日本後，由德川家康成為征夷大將軍，開展了新的政治生態，他將幕府設在江戶，也就是今天的東京，為日本開創了兩個半世紀以上的安定局面。

當時的江戶因是幕府所在地，不但繁榮，同時也是政教中心，在將軍的外護下，建立起建築宏偉、占地遼闊，又具有影響力的寺院，如增上寺、寬永寺等。另一方面，現今外國旅客最多的淺草寺，在江戶時代本就是庶民百姓常去參拜的寺院，當地車水馬龍，也見證了江戶時代繁榮的歷史。

明治維新的神佛分離令，使日本佛教遭受到嚴重的打擊，加上關東地震、二次大戰的天災人禍，摧殘了原本巍峨的佛寺殿堂。今日所見的東京寺院，不少是在戰後復興，重新建立的，其規模之浩大不禁令人讚歎，但都還遠不及原本規模。戰後東京的快速發展，許多寺院的土地已被挪作他用，但即使如此，在高樓聳立、壓迫人們呼吸的都市中，寺院仍是難得能令人感到心靈平靜，並真正獲得休息的地方。所以，到東京一遊時，何妨漫步到這些伽藍寺宇之中，體驗日本人是如何實踐佛法，面對自己的人生。

這些篇章是筆者多年來利用暑假，到日本實際參訪各寺後，將所見所聞整理成篇。頂著烈日行腳，經常滿身大汗，回到旅館，往往發現背包因沾染汗水而結成一層鹽霜，只是回想每到一寺，不但身心獲得寧靜，煩惱暫息，同時又可滿足穿越古今歷史的嗜好，便又有了重新出發的動力。此書得以完成，並不容易，得感謝家人、學校、法鼓山法師與出版部門，及眾多朋友的鼓勵與協助，在此致上最深的謝意。

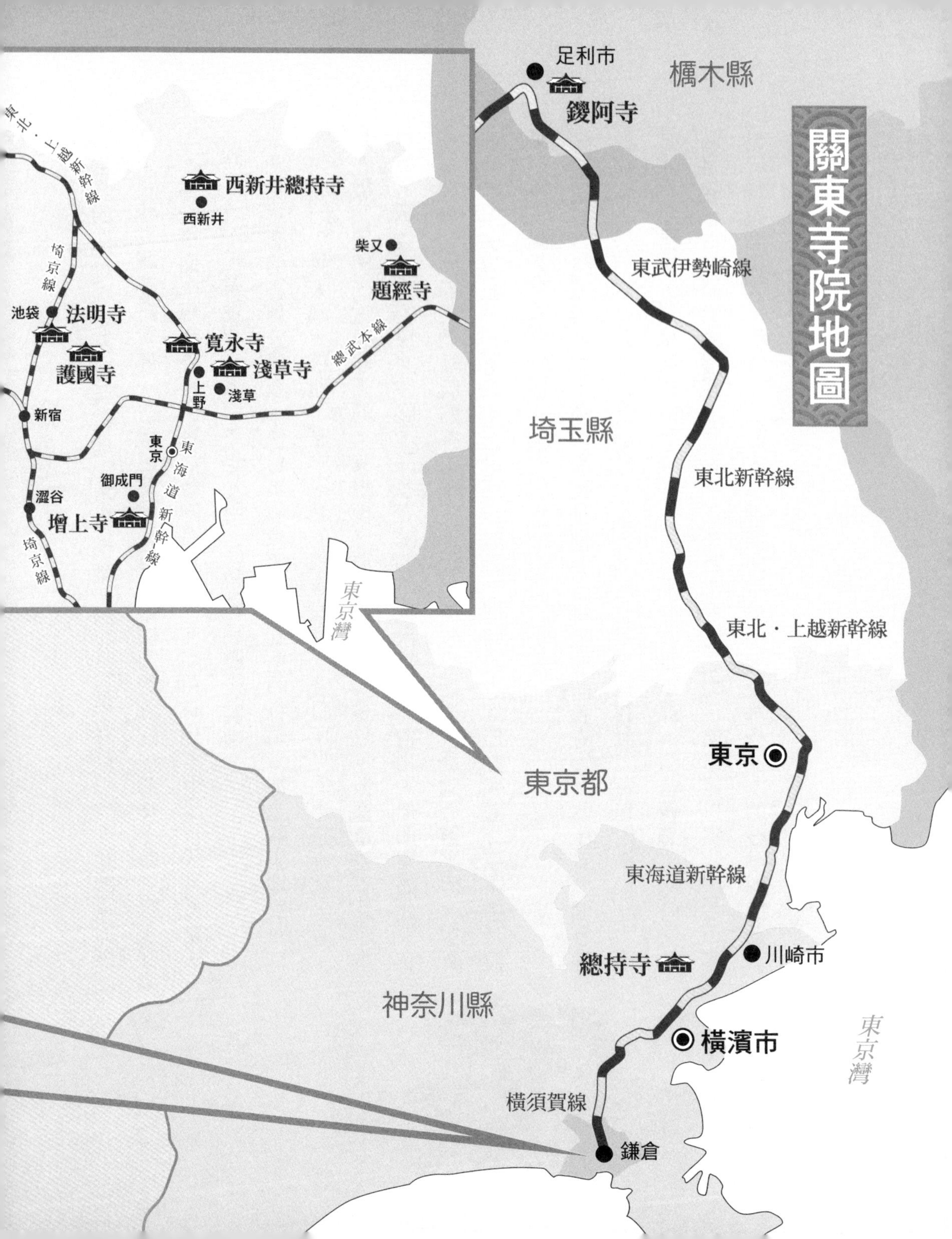

關東寺院地圖
足利市
櫔木縣
鑁阿寺
東武伊勢崎線
埼玉縣
東北新幹線
東北・上越新幹線
東京
東京都
東海道新幹線
川崎市
總持寺
神奈川縣
橫濱市
東京灣
橫須賀線
鎌倉
東北・上越新幹線
西新井總持寺
西新井
柴又
題經寺
埼京線
池袋
法明寺
寬永寺
總武本線
護國寺
淺草寺
上野
淺草
新宿
東京
東海道新幹線
御成門
澀谷
增上寺
埼京線
東京灣

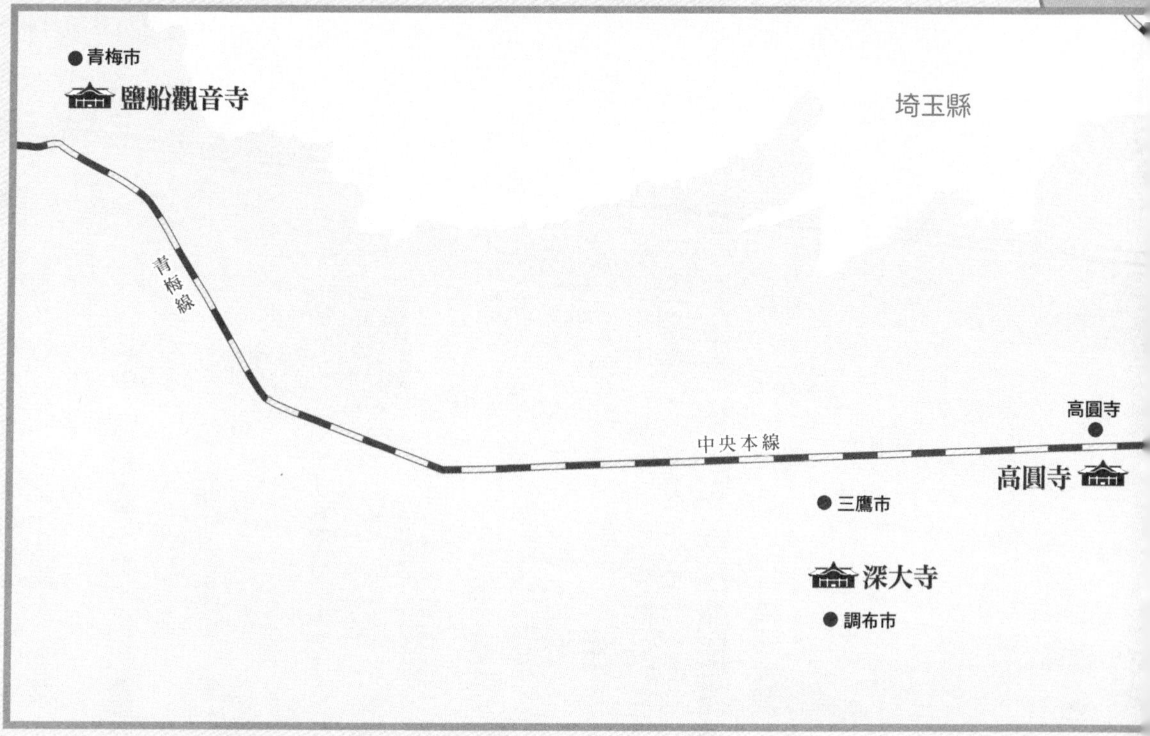
青梅市
鹽船觀音寺
埼玉縣
青梅線
中央本線
高圓寺
高圓寺
三鷹市
深大寺
調布市

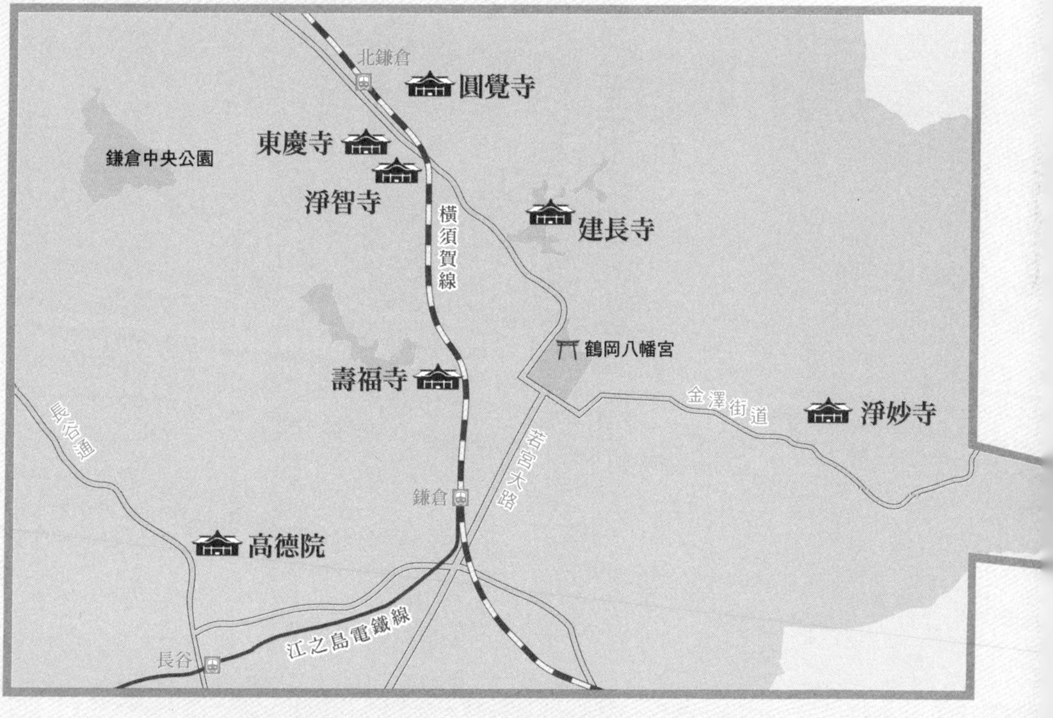
北鎌倉
圓覺寺
東慶寺
鎌倉中央公園
淨智寺
橫須賀線
建長寺
鶴岡八幡宮
壽福寺
金澤街道
淨妙寺
長谷通
若宮大路
鎌倉
高德院
江之島電鐵線
長谷

目次

鎌倉篇

其他篇

關東×東京篇

淺草寺

深大寺

鹽船觀音寺

寬永寺

西新井總持寺

題經寺

增上寺

法明寺

高圓寺

護國寺

淺草寺

下町古寺花雲鐘

來到東京觀光的遊客，幾乎都會造訪淺草寺，
並在雷門紅燈籠下拍照留影，
淺草寺有著有趣的對比，大燈籠、大草鞋守護著小小「淺草觀音」本尊；
位於下町的淺草寺，也是東京都內唯一的坂東三十三所觀音靈場札所，
同時也是江戶三十三所觀音靈場札所，
還有每年舉行的三社祭，是東京最具代表性祭典之一。

址 東京都台東區淺草2-3-1
電 03-3842-0181
網 http://www.senso-ji.jp/index.html

高四公尺寫著「雷門」的大燈籠，是淺草寺的象徵。（林后駿攝）

東京淺草寺一天的參訪者多達數萬，過年期間則超過百萬，能有這樣的盛況，得歸於其地理位置。淺草寺位於東京台東區淺草鬧區，是東京都內最古的寺院，山號「金龍山」；本尊聖觀音菩薩通稱「淺草觀音」，相傳非常靈驗。而雷門上超大的紅燈籠，不只是日本人，同時也是外國人最愛留影之處。常到東京遊玩的人，鮮少不知這座寺院。

瀰漫下町風情的古寺

據《淺草寺緣起》記載，六二八年在隅田川捕魚的檜前濱成、竹成兄弟網到一尊佛像，兩兄弟的主人土師中知（一說名為土師真中知）出家，將自宅改為供養此像的寺院，是為淺草寺之始；六四五年，僧勝海上人將本尊定為祕佛，也因淺草寺的信徒增加，廣漠的武藏野與東京灣出海口一帶逐漸發展。平安時代初，慈覺大師圓仁到訪後，造「前立觀音」像，故今日淺草寺以勝海為開基，圓仁為中興開山。

淺草寺的伽藍多次燒毀，到江戶時代將軍家成為此寺的重要外護，德川家康以淺草寺為祈願所；三代將軍德川家光則重建五重塔、本堂。又因淺草地區發展成為江戶（今東京）最大的娛樂中心，淺草寺也成為一處著名寺院。

一六八五年，因鄰近住民幫忙清掃寺境，而特別獲准在表參道開業，這便是今日淺草寺雷門到寶藏門兩側熱鬧的「仲見世」商店街的嚆矢。江戶時代中期，寺域西側常舉行大道藝（街頭表演），於是發展成百姓的娛樂場所。近代，淺草寺境先是被指定為公園，接著又成為上演「淺草歌劇」的地方，是電影普及前，極有人氣的大眾喜劇。

一九二三年的關東大地震，東京滿目瘡痍，死亡人數達十三萬人，但在民眾協助下，淺草寺不少建築屹立不搖，可惜淺草寺在一九四五年的東京大空襲，卻浩劫難逃，舊國寶本堂、五重塔等全毀。

二次大戰後，因娛樂多樣化，加上東京其他地方的發展，使得

附近住民因清掃寺境而准許在表參道開店，是仲見世商店街的由來。（吳宜菁攝）

淺草地區一時衰微，幸好在當地百姓的宣傳與推動下，不久此處又成為歌舞、演劇、電影、落語（日本傳統表演藝術，類似說笑話、說書）、漫才（日本相聲）等行業聚集之地，淺草寺一帶處處洋溢著下町風情，成為國際著名的觀光景點。

大燈籠、大草鞋與小本尊

淺草寺原屬天台宗寺院，戰後獨立為聖觀音宗的總本山，是東京都內唯一的坂東三十三所觀音靈場札所，同時也是江戶三十三所觀音靈場札所。伽藍多是戰後重建，其中寬十一點四公尺，高十一點七公尺的雷門是淺草寺的總門、表參道入口。高四公尺的大燈籠寫著「雷門」，只在三社祭和颱風來時才會收起，有如淺草寺的象徵，其實燈籠另一面寫的「風雷神門」，才是此門的正式名稱，因這八腳門的兩尊神像正是風神和雷神像。

雷門大燈籠內側所寫的「風雷神門」，才是此門的全稱，左右供養金龍、天龍像。此尊為金龍像。（吳宜菁攝）

門和燈籠都是松下電器（Panasonic）所捐，因該公司的創建者、被稱為日本經營之神的松下幸之助，曾到此寺祈禱病體痊癒應驗，為報恩乃捐款重建為鋼筋水泥門。

淺草觀音寺的寶藏門上層是文化財收藏庫，下層有兩尊仁王。（吳正夫攝）

仲見世的盡頭是外觀上、下兩層的寶藏門，上層是文化財收藏庫，屋瓦採耐震、耐蝕、質輕的鈦瓦，是全日本首次使用。門下層左右有兩尊仁王，故此門曾稱為仁王門。門後掛著由二千五百公斤稻草製成的大草鞋，據說捐獻者認為草鞋是仁王力量的展現，有穿著大草鞋的仁王保護寺院，邪魔必逃之夭夭無疑。仁王守護伽藍，也守護本堂中的本尊聖觀音。但偌大仁王所守護的本堂觀音堂的本尊聖觀音像，僅高約五點五公分，成為有趣的對比。

本堂舊堂重建於一六四九年，是日本近代大型寺院建築的代表作，曾指定為國寶，可惜毀於二次大戰。一九五八年重建成鋼筋水泥建築，但外觀和舊本堂如出一轍。正面寬三十四點五公尺，高二十九點四公尺，陡升的瓦葺屋頂是最大特色。堂內面積達三五〇坪，分為外陣、內陣。外陣天花板畫有《龍之圖》、《天人之圖》、《散花圖》等以莊嚴本堂；內陣鋪榻榻米，中央是安置本尊的「宮殿」（即櫥子），分為前之間和奧之間，奧之間供養本尊，前之間有前立觀音像。每年十二月十三日

上圖：淺草寺本堂陡升的瓦葺屋頂是外觀上的最大特色。（秦就攝）

下圖：本堂分為外陣、內陣，外陣天花板畫有《龍之圖》、《天人之圖》、《散花圖》等以莊嚴本堂。（吳宜菁攝）

的開扉法會，能看到前立觀音，本尊則不公開。

本堂外的石製碑柱，是一座特殊的路標，曾是許多悲傷心碎、悵然若失的父母的流連處，他們一再到這裡探看，這一切都出於天性、親情，以及有朝一日能尋回孩子的「希望」。江戶中期後，淺草到日本橋一帶是鬧區，常有小孩走失，此時，淺草町內會先收容小孩，然後在道標（即路標）上貼通知。石柱正面刻「南無大慈悲觀世音菩薩」與「迷路標石」字樣，左右兩側上方有凹槽，分貼尋人和尋獲雙方資訊，包括孩子的長相、服裝等特徵。一般推測江戶在德川幕府中、後期，人口已達百萬，常有兒童走失，在媒體不發達的時代，這石柱是親子團圓的希望所繫。

本堂外碑柱「迷子標石」，是尋找在淺草鬧區中迷路或走散兒童的希望。（秦就攝）

針供養和時之鐘

本堂西側的影向堂周圍有六角堂、石橋（二者為東京都指定有形文化財）、橋本藥師堂等建築。六角堂建於室町時代，規模雖小，卻是境內最古老的建築。

淡島堂位於影向堂更西側，建築本體是原舊影向堂，每年在此舉行的「針供養」頗為知名。從前日本人稱農曆二月八日為「事八日」，意思是從這天開始要忙於農事了，必須停止農暇時的針黹工作，於是他們便以感謝恭敬之心將斷掉的針插在豆腐或蒟蒻上，再獻於此處，祈求女紅技術進步，至今許多裁縫學校或女學生都會在這天到此行針供養。

二天門（重文）、淺草神社位於本堂東側，建於一六一八年的二天門，為木造朱漆的八腳門，歷第二次世界大戰而未毀，左右各安置持國天、增長天，原是上野寬永寺嚴有院（德川家綱）靈廟的神像。淺草神社祀淺草寺草創時期三位人物，拜殿、幣殿、本殿是重要文化財；神社鳥居旁有臺灣人也熟知的烏龍派出所紀念碑，是二〇〇五年漫畫《烏龍派出所》單行本發行數突破一億三千萬本時所立，因為主角警官兩津勘吉是在淺草長大。

淺草寺的另一座重要建築為五重塔，和本堂同毀於東京大空襲。新塔位於本堂西側，在一六三一年燒毀的舊三重塔原地附近，主體為鋼筋水泥，基壇高約五公尺，塔身高約四十八公尺。內部有靈牌殿可供養祖先牌位，不論宗派均可申請，據說殿內甚至有昭和天皇、黛安娜王妃牌位。而塔的最上層供養請自斯里蘭卡的佛舍利。

寶藏門前兩尊露座的銅造「濡佛」觀音菩薩、勢至菩薩像，像前有祠祀

淺草寺五重塔塔身高約四十八公尺，不論宗派均可申請供養牌位。最上層供養請自斯里蘭卡的佛舍利。（秦就攝）

半傳說人物久米平內，相傳他長於劍道，曾奪去眾多性命，悔悟後為滅其罪，乃將自己的雕像埋於仁王門附近任人踐踏，因「踐踏」（fumitsuke）和「情書」發音相同，而被視為姻緣之神。

寶藏門東方、廣場裡側的小山稱弁天山，石階上有塗朱的弁天堂，其右方有一九五〇年重建的木造鐘樓，該鐘是江戶時代「時之鐘」（定時報時）的其中一口，由五代將軍德川綱吉（一六四六～一七〇九年）下命改鑄，至今每天清晨六點，以及除夕的淺草夜空，都還可聽到這江戶梵鐘的音色。松尾芭蕉在改鑄前就曾聽過鐘聲，而寫下俳句：

花之層雲
鐘聲若自上野
若自淺草

芭蕉詠梅的秀句多，而詠櫻的佳句少，這句是最著名的。上野當時有寬永寺和淺草寺，同是規模宏大的寺院，鐘聲激起詩人對遮沒於花雲中的兩寺的想像，朦朧而浪漫。弁天堂的石階左側有芭蕉的另一俳句：

極目遠方
只見觀音之甍
隱入花雲

這是芭蕉從深川的芭蕉庵遠眺淺草寺所寫，淺草寺觀音堂的屋瓦在粉紅

淺草寺的木造鐘樓，是江戶時代「時之鐘」（定時報時）的其中一口。（秦就攝）

櫻花海中若隱若現，如幻似夢，不識淺草真面目，正是人間寫照，俳句是他對人生萬物的看法嗎？可惜哲人已逝，徒留謎團與後人。

傳法院位寶藏門前西側，是淺草寺本坊，擁有面積達一萬兩千平方公尺的回遊式庭園，心字池的廣大水面，時時映照五重塔和大書院的宏偉倒影，茶室天祐庵仿自京都表千家不審庵。傳法院不開放，只西南邊的鎮護堂可瞥見庭園，有趣的是鎮護堂的鎮護大使者竟是狸貓，原來明治初，這裡還有許多狸貓棲息，某夜，住持夢見狸貓告訴他，牠們能保護傳法院免於火災，住持乃興建此社。位於寺南隅田川邊、不起眼的駒形堂和此寺雖不連接，但因是淺草寺本尊的示現地，以前乘船的人都會在此下船，參拜駒形堂後才往觀音堂。

江戶三大祭之一的三社祭

四月八日的佛生會也稱花祭，由參拜者注甘茶以慶祝釋迦誕生，淺草寺幼稚園的小朋友則牽假白象穿越仲見世遊行，因為摩耶夫人夢白象而懷悉達多．喬達摩王子，也就是後來的釋迦牟尼佛。

三社祭（五月十七、十八日前後）在淺草神社舉行，是東京最具代表性祭典之一，以壯觀的神輿渡御和「びんざさら（Binzasara）舞」知名，參觀人潮比臺灣的媽祖遶境有過之而無不及，是江戶三大祭之一。

傳法院是淺草寺本坊，但平日不開放。（秦就攝）

淺草的歲之市也稱羽子板市，十二月十八日在江戶時代是納觀音日，也是開賣年貨的時候，江戶後期形成過年送羽子板給女孩家的風氣。歲之市是迎春活動的開始，也為歲末的淺草寺帶來熱鬧的氣氛。

淺草寺重建後，雖多是鋼筋水泥建築，但外觀仍保有舊時面目而不顯突兀。淺草寺是許多東京人的共同記憶，信眾在淺草寺的御水舍清身、在常香爐拈香、在鴿子飛舞的寺內許願，早已是東京風情的一部分，因此外國遊客到東京也多會安排到此參訪，尤其臺、韓遊客特多，所以如果在寺中聽到臺語飄入耳際，也不要感到意外。

寬永寺

東國鬼門建比叡

座落在上野公園內的寬永寺，寺域面積包括了整個上野公園。與增上寺同為德川的菩提寺，因貫主自守澄法親王後，都由皇子或天皇義子擔任，尊稱為「輪王寺宮」。寬永寺受到幕府末期與第二次世界大戰的戰火摧殘，如今伽藍建築散見在上野公園內，供有心人參訪。

址 東京都台東區上野櫻木1-14-11
電 03-3821-4440
網 http://www.kaneiji.jp/

寬永寺是德川將軍家的菩提寺，但多數德川將軍的靈廟已毀於二次世界大戰，圖為現存的嚴有院殿靈廟敕額門。（吳宜菁攝）

每到寒、暑假去日本旅遊的親子團，最熱門的景點應是迪士尼樂園吧！記得臺灣剛開放出國觀光，那時日本還沒有迪士尼樂園，座落在東京上野公園中的上野動物園，是親子團最愛造訪的地方之一，因為裡面有圓滾滾的可愛貓熊，那時日本的貓熊熱還正旺。另外，上野公園中的日本國立東京博物館，則是了解日本文化的寶庫。

在上野公園的角落有一座伽藍，名為寬永寺，靜靜地俯視著熱鬧的上野，其實該寺的面積曾極為遼闊壯觀，不管動物園、博物館或偌大的上野公園土地，原都屬於這座與江戶時代歷史同起落的寺院。

東國比叡山

位於東京台東區的天台宗關東總本山寬永寺，山號東叡山，全稱東叡山寬永寺圓頓院。開基為德川家光（一六〇四～一六五一年，德川家康之孫），開山為天海大僧正（一五三六～一六四三年），主供藥師如來。

歷代十五位德川將軍之中，有六人長眠於寬永寺，和增上寺不分軒輊，但增上寺是日本中世就已存在，寬永寺則是以天海為開山，德川家為外護所建立的新寺院。

天海僧正是日本天台宗僧，關原之役以後，受德川家康❶知遇，家康歿後，又受到德川秀忠、家光的信任。曾主持刊行《大藏經》，歷十一年完成「天海版藏經」，對佛教有重大貢獻，諡「慈眼大師」。

當天海僧正說出希望在江戶建立寺院，祈求在德川幕府的領導下國泰民安，立即得到幕府的響應。一六二二年，德川秀忠（一五七九～一六三二年，德川家康三子）徵收伊勢津藩主、弘前藩主、越後村上藩主三位大名在江戶的住處，做為建寺用地。

一六二五年，三代將軍德川家光在現在東京博物館的土地上建立本坊，並和延曆寺一樣，以創建時的年號命名該寺為寬永寺。山號的命名緣由則源於比叡山延曆寺，因延曆寺位於京都御所的鬼門（東北）位置，是一具有祈求朝廷安穩，鎮護國家作用的道場，而寬永寺也位於江戶鬼門的上野台地上，於是取「東國的比叡山」之意而號「東叡山」。

寬永寺在本坊建立後，又陸續建立法華堂、常行堂、多寶塔、輪藏、東照宮、清水觀音堂、五重塔。但寬永寺的中心堂宇——根本中堂，反而遲至開創七十年後才建成。

輪王寺宮管理三山

寬永寺的另一特別之處是，創建當時是做為德川家的祈禱寺，菩提寺則是第二代將軍秀忠長眠的增上寺，但第三代將軍家光因崇信天海僧正，遺言交代葬禮要在寬永寺舉行，遺骸則移到德川家康廟所在的日光。此後，第四、五代將軍的墓所均營建於上野，於是寬永寺變得和增上寺一樣，都是德川家的菩提寺，但六代將軍又將墓所建於增上寺。從此歷代將軍墓所交替建於寬永寺和增上寺成為慣例，並一直維持到幕府末代。也因寬永寺成為德川家的菩提寺，使該寺成為日本規模最宏大的寺院之一。

一六四三年，天海僧正圓寂後，由弟子公海（一六〇八～一六九五年）成為貫主，到了第三代貫主則是後水尾天皇（一五九六～一六八〇年）的三皇子守澄法親王（一六三四～一六八〇年）；他也兼日光山主，一六五五年進而成為天台座主。此後直到幕末的第十五代公現入道親王（一八四七～一八九五年）❷為止，都由皇子或天皇義子擔任寬永寺貫主，尊稱「輪王寺宮」，擁有極高的宗教權威；歷代輪王寺宮原則上都兼任天台座主，掌管東叡山、日光山、比叡山三山，所以也稱「三山管領宮」。

幕府末期成戰場

江戶時代後期、最盛時期的寬永寺寺域面積達三十萬五千餘坪，子院達三十六院（現存十九院）。現在的上野公園幾乎全在舊寬永寺境內，面積有現在上野公園的兩倍大。

一八六八年，時值江戶時代末期，倒幕風潮風起雲湧，寬永寺成為上野戰爭的戰場，因官軍的放火，根本中堂、本坊等主要堂宇化為灰燼。

寬永寺根本中堂位於原本的子院大慈院的土地上。（吳宜菁攝）

明治維新後，境內土地被沒收並改為公園，輪王寺宮還俗，一八七三年，寬永寺近於廢寺狀態。二次世界大戰空襲時，連德川家靈廟的大部分建築都被燒毀。

如今穿過上野公園內中央，往大噴水、東京國立博物館方向的道路曾是參道；原本根本中堂的土地變成博物館南側的大噴水廣場；原本坊的土地上則建立起東京國立博物館，只剩博物館本館後的日本庭園留有「寬永寺本坊庭園」之名。原本坊的正門未毀，曾暫時做為博物館的正門，後來遷到博物館東邊的輪王寺，博物館後方的寬永寺墓地即原德川家靈廟所在。

復興規模不若從前

一八七五年，寬永寺重新步上復興之路，在原本子院的大慈院所在地上建起本堂（中堂），該建築原是川越喜多院（天海所住寺）的本地堂，只是寺院規模已大幅縮水。

現在寺域約三萬坪，是天台宗別格大本山，擁有根本中堂、開山堂、辯天堂、緬甸式佛塔、德川靈廟、輪王殿、幼稚園，以及子院十九座。還有未毀於戰火，散布在廣闊的上野公園中，已被指定為重要文化財的清水觀音堂、輪王寺門跡本坊表門、嚴有院殿靈廟（德川家綱，一六四一～一六八〇年）敕額門等。

一八六八年，上野山成為戰場，根本中堂等主要堂宇為祝融所吞噬，幸好相傳傳教大師最澄（七六七～八八二年）所作的本尊藥師如來，和東山天皇御筆所書的「瑠璃殿」敕額，在戰爭中運出，故現在仍得以安置於現在的根本中堂，該堂位於東京藝術大學音樂學院的後方，和上野公園內的清水堂、辯天堂等熱鬧的地方相比，參訪本堂周邊者顯得零落。

本堂內陣櫥子內供奉的本尊木造藥師三尊像（重文），因本堂內本已不公開，而三尊又是祕佛，開扉日不定，故一般信眾無由目睹三尊像。唯一一次例外是二〇〇六年，因東京國立博物館舉辦「最澄和天台國寶」特別展時曾展出過。這三尊像中，連中尊都是立像，相當少見，因為中尊和兩脅侍其實是分別製作的，中尊來自滋賀縣石津寺，兩脅侍則來自山形縣立石寺。

書院位於本堂後方，其中的葵之間（不公開）是末代幕府將軍德川慶喜蟄居兩個月的地方。開山堂祀東叡山開山慈眼大師天海大僧正，以及他所尊崇的慈惠大師良源大僧正（九一二～九八五年），故一般稱為「兩大師」，深得庶民信仰。大師堂初建於一六四四年，現存的則是一九九三年重建，和本堂所在地有段距離。

寬永寺根本中堂的「瑠璃殿」敕額，是東山天皇所書，戰時運出得以未受破壞。（秦就攝）

上野公園見伽藍

清水觀音堂（重文）位於上野公園的西鄉隆盛銅像的附近，供養千手觀音。一六三一年由天海僧正所創建。規模雖小，但和京都的清水寺本堂一樣是舞台造建築，同時也是江戶三十三所觀音靈場的第六札所，本尊是從清水寺迎來的千手觀音像（祕佛）。

辯天堂位於上野公園南側不忍池的中之島，天海仿琵琶湖竹生島寶嚴寺辯財天而建。該島起初並沒有橋，得乘舟參詣。原先建築在一九四五年的東京大空襲中燒毀，現在的辯天堂是一九五八年所建的八角堂建築，本尊八臂大辯財天也是迎自竹生島寶嚴寺。

一六三一年建立的舊寬永寺五重塔（重文）第一代塔，一六三九年燒毀後，即在同年重建，塔的位置在上野動物園裡。原供養於塔第一層內的釋迦如來、藥師如來、彌勒菩薩、阿

寬永寺開山堂祀開山慈眼大師天海，以及慈惠大師良源，深得庶民信仰，故一般稱為兩大師。（秦就攝）

寬永寺清水觀音堂和京都的清水寺本堂，都是舞台造建築，是少數未被戰火毀壞的江戶時代建築。（秦就攝）

彌陀如來「四方四佛」，現寄放於東京國立博物館。僅第五層為銅板葺，其他各層為瓦葺，高度從地上到尖寶珠為止，達三十六公尺。

時鐘堂位於上野公園內精養軒附近的鐘樓，梵鐘是一七八七年改鑄，這鐘聲在江戶時代有報時的作用，至今仍會在每天正午和早、晚六點敲鐘，所以到上野如有機會佇足聽聞，當能感受到江戶時代一般百姓依賴鐘聲而作息的況味。

建於一九六七年的緬甸式佛塔在時鐘堂旁的小高地上，供養藥師三尊像。佛塔旁有一銅製佛面，是原上野大佛的一部分。大佛作於一六三一年，後因地震、火災等原因不斷毀壞和重新製作，但關東大

上野大佛在關東大地震時佛首落下，第二次大戰時被軍隊徵用，今僅存佛面。（秦就攝）

地震時佛首落下，第二次大戰時，軍隊供出令徵用了大佛，僅存臉部保存了下來。

寬永寺的寺寶中，有一個頗為特別的天海版木活字，這些版木原用來印刷天海所刊行的《天海版一切經》，這二十六萬個以上的活字已被指定為重要文化財。

徒嘆戰火無情

筆者算算到上野公園、寬永寺，至少四次，猶記得第一次到訪是在冬末春初，那時不忍池是個空曠的水澤，只見水鳥和幾片枯荷參差錯落其間，充滿蕭瑟景象。沒想到這次夏季到上野，所見卻大異其趣，一眼望去，整個不忍池被綠荷占領，有小船在荷葉空隙整理枯枝，那畫面讓人想起蘇軾的〈六月二十七日望湖樓醉書〉：「放生魚鼈逐人來，無主荷花到處開。水枕能令山俯仰，風船解與月徘徊。」

季節變化讓上野的風光四時不同，

如果比較江戶和今日寬永寺的變化，的是無情和徹底的破壞，只願戰火能更不由有雲泥之嘆，戰爭帶給寬永寺永世不再降臨這娑婆世間。

註釋

❶關於德川家康家族介紹可參閱〈增上寺——東京塔下舊伽藍〉篇。

❷還俗後則稱北白川宮能久親王，一八九五年負責接收臺灣。

辯天堂位於上野公園南側不忍池的中之島，夏荷綠葉將整個不忍池占滿。（秦就攝）

深大寺

調布古剎達摩市

深大寺不是位於「深」山的「大」寺，而是在熱鬧的東京？
深大寺與水神「深沙大王」有關？
深大寺與鬼太郎，以及好吃的蕎麥麵也有關係？
別具特色的深大寺，還有不容錯過的歷史堂宇，
以及好玩的蕎麥觀音守祭與達摩市。

址　東京都調布市深大寺元町5-15-1
電　042-486-5511
網　http://www.jindaiji.or.jp/

深大寺本堂，其前方為常香樓。（秦就攝）

深大寺是東京都內的古寺，附近的深大寺蕎麥麵更是遠近馳名，每年舉行的達摩市，整個市集擺滿達摩像，既壯觀又別具日本特色。

鬼太郎與古剎

第一次注意到深大寺是因為電視劇《鬼太郎之妻》的影響，日本漫畫《鬼太郎》的作者水木茂住在深大寺附近，每當他沒有靈感時，就會到寺中逛逛，拋開生活中的煩惱，往往便能柳暗花明，重拾靈感。水木茂因戰爭失去一臂，卻發揮殘而不廢的精神，在極端窮困中仍堅持自己的志向，沒日沒夜埋頭在他的漫畫志業上，經過多年終於獲得成功。

所以到深大寺，走在參道上會發現有間鬼太郎茶屋，販賣鬼太郎相關商品、特產等，二樓還有日本全國妖怪區，相當有趣，且視野相當不錯，可看到深大寺的弁（「弁」同「辯」）財天池。

深大寺位於日本東京都調布，在東京都中是僅次於淺草寺的古寺，屬天台宗別格本山，山號浮岳山，但七三三年開創此寺時卻屬法相宗，改為天台宗已是後來的事。

初聽此寺寺名，以為是取「深山中的「大」寺之意，而名為「深大寺」，沒想到完全無關，而是取自曾守護三藏法師玄奘到天竺求法的護法神「深沙大王」的「深」和「大」，該神在《大般若經》曾提及，乃十六善

深大寺因日本著名漫畫與動畫作者水木茂曾住過附近，參道上有間鬼太郎茶屋，販賣鬼太郎相關商品。（吳宜菁攝）

神之一，也稱為深沙神或深沙大將。

為何要以深沙大王做為寺名呢？因為該地位於湧泉的崖面上，境內有許多湧泉，也因此該寺周圍有植物公園、水生植物園和需要清水的山葵田等。根據寺方的說法，這一水源地，自古就被視為「靈場」，所以和水神「深沙大王」因緣深，才會取名深大寺。

眾多堂宇的寺院

深大寺的建築規模雖不是東京都最大，但建築物數量不少。

本堂，是大正年間重建，是一瓦葺屋頂的建築，但從前舊本堂和其他的此寺建築多是茅葺屋頂。供奉於本堂須彌壇上的妙觀察智阿彌陀如來，相傳是惠心僧都（源信，九四二～一〇一七年）所作。此像高六十九點三公分，有寶髻、寶冠、通肩納衣，外形和一般阿彌陀如來像不同，這種造形常見於天台宗。繁複衣紋的寫實雕法，有鎌倉時代作品的特色；臉形和耳朵的雕法則留有前代氣息，可回溯至鎌倉時代前期。

釋迦堂，位於入三門後的左方深處，為保護重要文物免於火災、竊盜，特以鋼筋混凝土建成，因位於濕氣較重的土地上，特意建成高台式。由四根圓柱所支撐的屋頂是方形造銅板葺，頂部有露盤、寶珠。正面鐵門打開後，可見大片玻璃，為免光線反射而看不到內部，所以在正面外側立了鋁製格子，並鑲上表示「釋迦牟尼」意義的梵字。

本尊銅造釋迦如來倚像（重文），端正的坐姿與自然的衣紋，令人覺得親近。佛像臉上的清純微笑，彷彿開朗的童顏，這種造形可上溯至新羅乃至中國的北齊、北周。薄衣加上流動自然的衣紋線條，應是受到印度笈多王朝雕刻的影響，清純的童顏和端正、勻稱協調的造形，則又反映了日本人的偏好。倚像是指坐在椅子上的雕像，在日本佛像當中較為罕見。此像相傳製作於白鳳時代，故通稱白鳳佛，像高八十三點九公分，座高五十九點三公分，屬大型金銅佛。此外，堂內還陳列著舊梵鐘（重文）。

比參道高上一段的三門，建於一六九五年，正面掛有「浮岳山」的山號額。一八六五年寺內火災，只有常香樓和三門未受波及，三門不但是寺中現存最早的建築，也是東京少數殘存的江戶時代建築，上塗紅、黑兩色，是山內唯一施上色彩的建物。江戶時代深大寺建築，幾乎全是茅葺，今只有舊庫裡、茶室和三門是茅葺。

常香樓，建於三門和本堂間，功用在保護銅製大香爐，是一具有銅板葺屋頂，卻僅二點七二公尺四方的小建築。

大師堂，自古以來都是和本堂並列的中心建築，主供慈惠大師良源（九一二～九八五年），大師乃延曆寺第十八代座主，因在正月三日圓寂而有「元三大師」之名，自古被視為如

釋迦堂本尊銅造釋迦如來倚像（重文），端正坐姿與自然的衣紋，在日本佛像中較為罕見，此像相傳製作於白鳳時代，故通稱白鳳佛。（吳宜菁攝）

深大寺三門，正面掛「浮岳山」是寺中現存最早的建築，為東京少數殘存的江戶時代建築，也是山內唯一施上色彩的建物。（秦就攝）

意輪觀音的化身，並相信他有降伏惡魔的力量。流傳至今的雕像多是鎌倉時代中期以後的作品，通常是左手持獨鈷，兩手撥弄著念珠的等身像，這尊像也不例外，但此像高近二公尺，如此大師像倒還找不到其他例子。又此像為祕像，二十五年才開放一次，平日無法參拜。

一八七〇年重建的鐘樓，原本也是茅葺屋頂，一九五四年才改為銅板葺屋頂。舊梵鐘，是一三七六年山城守宗光所鑄，躲過二次大戰的戰火，是東京都內排名第三的老鐘，現藏於釋迦堂中。現在的梵鐘則是二〇〇一年新鑄，稱為平成新鐘，基壇上還裝了小小的機關，裡頭埋了一個反響（回聲）用瓶，該寺每天早、中、晚都會撞鐘，除夕夜則一般人也可加入撞鐘的行列。

開山堂，是新建的奈良時代樣式堂宇，本尊為藥師如來三尊，並祀開基滿功上人、天台宗一祖惠亮和尚像等。

深沙堂，離寺中心較遠，約位於西邊一二〇公尺處。舊堂原是可以和大師堂匹敵的大建築，又稱深沙大王祀、深沙大王社，但在明治元年的神佛分離令下毀壞。一九六八年重建為正面二間半，深三間半（一間約一點八公尺），正面有向拜的建築。該堂背後有湧泉，和深大寺的起源有關。該堂內所安置的宮殿（實際上是具有殿堂外觀的杉木製箱型櫥子），內供祕佛深沙大王像，像高五十七公分，有骷髏胸飾，穿象皮褲，現憤怒相，是鎌倉時代的優秀作品。

深大寺的延命觀音乃緣於一九六六年日本東北秋田縣象潟港進行建設作業時，發生了一點小事故，於是將海底的大石打撈上來，竟發現這石頭是一尊佛像，經調查後得知該雕刻是慈覺大師（圓仁，七九四～八六四年）親刻的延命觀音，乃將之奉安於深大寺。

近年深沙堂到延命觀音參道之間，進行了較大的修改，原本稍顯陰暗的深沙堂附近大為開闊，脫胎成為新的名勝景點。

蕎麥遠近馳名

從深沙堂後面湧出的水源匯為「逆川」的小河，傳說逆川的水從前非常冰冷，使這裡不適種稻，於是現今調布市深大寺周邊的人乃種蕎麥，磨粉後代替米獻給深大寺。

深大寺蕎麥開始遠近馳名，據說始

深沙堂中所祠深沙大王，是深大寺寺名的由來。（秦就攝）

於深大寺的總本山上野寬永寺的門主第五世公弁法親王喜歡深大寺蕎麥，由於他的口碑，使這裡的蕎麥漸漸傳到各地諸侯，也使深大寺蕎麥開始名聞遐邇。一說是因為江戶幕府三代將軍德川家光，在放鷹時途經深大寺，吃到這裡的蕎麥後大為讚歎，從此這裡的蕎麥水漲船高。不管何種說法，深大寺蕎麥自江戶初期至今已長達四百年的漫長歷史和傳統，現在周邊有二十多間店舖販賣蕎麥麵。

蕎麥麵和壽司、天婦羅並列為具有代表性的日本料理。蕎麥通常沾調味汁食用，其顏色、成分因地區而不同，在日本具有高人氣，不僅有蕎麥專賣店，外食的連鎖店等的菜單也都可以見到，甚至泡麵也可見到它的身影。所以根據對曾到日本旅遊的外國人的調查，最喜歡的日本料理中，蕎麥麵排第七位。事實上，蕎麥的栽培種植到製造、煮食都需利用水，而深大寺源源不絕的湧泉也成為最佳利器，所以深大寺參道上可以看到水車，那是傳統磨製蕎麥粉的工具。

三月的達摩市

每年十月中，深大寺附近商家都會舉行蕎麥守觀音供養祭，活動高潮是由當地蕎麥店的年輕店主們，在本堂前實際表演手打蕎麥，做好的蕎麥便獻給「蕎麥守觀音」，同時祈願五穀豐收，是一項稀有特殊的祭典，每年都吸引眾多人潮。

深大寺參道旁的水車，從前製蕎麥麵，水車是不可或缺的，深大寺蕎麥麵更是名聞遐邇。（秦就攝）

此外，每年三月初會有「厄除元三大師大祭」，通稱「達摩市」，是日本三大達摩市集之一。深大寺達摩市和元三慈惠大師有很深因緣，根據寺傳，元三大師的自刻像距今約千年前，從比叡山請到深大寺，不過因一六四六年的大火，大師堂全毀，但元三大師像卻幸免於難。這靈驗事蹟和達摩信仰結合，於是從江戶中期開始，漸漸有達摩市的興起。

因為是紀念元三大師，所以別處多在正月舉行，但深大寺的達摩市卻在三月，彷彿想喚回關東最後春日，因而更能號召遊客。當天境內和參道周邊會擺設許多攤位，賣起外觀像不倒翁的達摩像，以及露天攤商聚集，與平常幽靜的深大寺大異其趣。

比較有趣且值得一提的是，深大寺的達摩開眼是在眼睛寫上梵字，這也是在其他地方不太看得到的習俗，每到達摩市時，還得特地設置開眼所，值得一看。

深大寺附近商家在十月中會舉行蕎麥守觀音供養祭，將現場製作的手打蕎麥獻給蕎麥守觀音。（秦就攝）

西新井總持寺

井水湧處成名剎

西新井總持寺為何又名「西新井大師」？
原來，大師指的是弘法大師空海，
而西新井被視為大師加持過的水井，
人們相信此井水可讓人除厄消災。
此外，寺中還有著名的水子地藏與鹽地藏，
可以幫助脫離三惡道與解除病痛，靈不靈驗就等你親自一遊。

址　東京都足立區西新井1-15-1
電　03-3890-2345
網　http://www.nishiaraidaishi.or.jp/

新西井總持寺的大本堂於一九七二年重建。（秦就攝）

日本的弘法大師空海（七七四～八三五年）到關東巡錫途中，經過西新井時感應到十一面觀音，於是親刻十一面觀音像，又用刻觀音像所剩下的木頭刻了己像，投入枯井之中，其後該井竟湧出清泉，即而成就在此建立西新井總持寺的因緣，因此，此寺又稱「西新井大師」。

充滿傳說的除厄開運名剎

西新井大師全名五智山遍照院總持寺，位於東京都足立區，屬真言宗豐山派的寺院，建於平安時代淳和天皇天長三年（八二六年），以除厄聞名。為何此寺以能除厄聞名？答案就在寺中「厄除弘法大師」碑旁的〈西新井總持寺碑記〉裡。

該碑記說：「天長三年，大師巡行諸州為眾生說法，遂來經此地，偶憩一松樹下，忽見十一面觀世音現幹枝上，謂大師曰：『爾應遇厄難，爾命殆危矣，宜謹祈禱焉。』」聽到十一面觀世音的勸告後，大師於是一刀三禮❶，刻十一面觀音像，又用所剩木材刻一座自像，並將之投入枯井，象徵一切災厄由此像代萬民背負。

弘法大師將自刻像投入枯井，以祈求為萬民除厄之事還有後話。有一天該像突然飛出，同時枯井竟湧出清水，也因此該地名為西新井。從此，愈來愈多百姓來到此寺，該井被稱為加持水井，而且還有神效：「方此時，遠近病難災害頻行，人民詣寺祈之，無不應。」

這就是「厄除弘法大師」的緣由，此碑立於江戶時代仁孝天皇天保七年（一八三六年），厄除的「除」一語有更深的義涵。因為日本於天保四至六年全國發生連續三年的大飢荒，餓死者無數，傳說此寺有除厄功效，來此朝拜者更多，所以此寺自然發展成祈求家中安全、無病息災，以除厄為主的名寺。在東京一帶有「二十五歲的厄運找西新井大師，四十二歲的厄運找川崎大師」的說法，成為和川崎大師齊名，在關東可謂數一數二的除厄、開運靈場❷。

西新井總持寺的加持水井，是此寺附近地名的由來。（秦就攝）

水子地藏群與鹽地藏

自創建以來，兵火、天災加上人禍，讓西新井大師屢屢罹災，江戶時代中期所建立的本堂，在一九六六年火災時又燒毀，現在的本堂是後來重建的。不可思議的是本尊十一面觀音菩薩像總能幸免於難，所以該本尊又有「火伏大師」之稱，相信崇敬此觀音具免除火災之利。

相傳弘法大師所掘的加持水古井，則位於本堂西側。和加持水井相對有一座覆屋，內有一尊高大的地藏菩薩像。其前有無數的小石佛地藏，可視為日本特有的水子地藏群。

水子地藏和日本所謂的「賽河原」傳說有關。日本人傳說夭折的小孩因為未報親恩，故須在賽河原受苦。賽河原的小孩們會在賽河原邊為供養父母而積石成塔以報親恩，但每當完成前就會有惡鬼將塔搗壞，小孩只得重新疊塔，如此周而復始。傳說中，是地藏菩薩出手拯救這些被鬼所追而四散奔逃的小孩。不過，關於賽河原的觀念與傳說，基本上應該歸為日本佛教和民間信仰混雜所產生，而非佛教的主張。

日本有所謂「三途川」的說法，其出處有人主張出於《金光明經》中所說：「是經能令地獄餓鬼畜生諸河焦乾枯竭。」三途即地獄、餓鬼、畜生三惡道，而三途川的河邊即日本人所說的「賽河原」。由於這一傳說相承已久，於是日語中「賽河原」一語也引申為「沒有回報的努力」、「徒勞無功」的意思。和已成為觀光資源的賽河原比起來，西新井大師的水子地藏群，有著較濃郁的宗教氛圍。

穿過總持寺三門的左側，會看到供養「鹽地藏」的小祠。所謂「鹽地藏」，並非用鹽刻成的地藏，也不是

西新井總持寺的水子地藏，和日本「賽河原」傳說有關。（秦就攝）

對販鹽業者特別靈驗的地藏，而是被鹽所淹沒的地藏。

為什麼會有鹽地藏呢？其實日本各地都有以鹽供養地藏的習俗，從前不少日本人在小孩感冒時，認為與其去找醫生，還不如到地藏前獻上鹽，祈求早日痊癒。從前鹽是貴重的生活必需品，不像現在的廉價，獻上鹽可以說是信眾對於地藏菩薩信仰的虔誠，而當時的人們相信，只要對地藏菩薩有信心，小孩必能很快恢復。或許因為這樣，那些被認為特別靈驗的地藏尊，久而久之，不只身體，甚至連臉都被埋進鹽堆裡了，從而也就脫離了一般地藏菩薩像給人的感覺，於是衍生出「鹽地藏」的稱呼。

傳說西新井的鹽地藏，能使長贅疣

的人儘快痊癒，同時還發展出將此堂的鹽帶回家，將來痊癒後，必須加倍奉還鹽，以供養此地藏的習俗。

臺灣少見的十一面觀音

十一面觀音佛像是觀世音菩薩的變化身，為六觀音之一。玄奘法師所譯的《十一面神咒心經》提及其造形，除了本體的臉之外，尚有十或十一個臉。隨著雜密傳入日本，從奈良時代以來，就擁有眾多信眾，據說具有治癒病痛等的現世利益，所以在日本，十一面觀音像頗為常見，是僅次於聖

西新井大師的鹽地藏，鹽像白雪使地藏已失去本來面目，頗為有趣。（秦就攝）

觀音的觀音菩薩造像。

從救濟的觀點來看，十一面觀音像也和千手觀音並列為觀世音菩薩變化身中，最有人氣的佛菩薩像。例如東大寺二月堂的本尊也是十一面觀音，該寺的重要例行法會「御水取」，就是向十一面觀音懺悔罪障（十一面悔過法會）。

十一面觀音因慈悲、能拔眾生一切苦難，故雕像多做成女相，又根據《十一面神咒心經》，頭部正面有阿彌陀如來化佛，頭上則有一面佛面、三面菩薩面、三面瞋怒面、三面狗牙上出面、一面大笑面等，右手垂下持念珠（但雕像多省略念珠）、左手持插著紅蓮的花瓶。

但日本真言宗豐山派總本山長谷寺主供的十一面觀音像，左手雖然持有插著蓮花的花瓶，但右手則持大錫杖立於岩石之上，這是豐山派寺院所供奉的十一面觀音像最大的特徵，故稱為「長谷寺式十一面觀音」❸。

此外，總持寺尚有數件登記為國寶、重要文化財的寺寶，其中最引人感興趣的是鑄銅刻畫藏王權現像（國寶），該物是平安時代的文物；還有高麗時代的梵鐘（重文），上有「遼乾統七年」（一一〇七年）的銘文，不過，這兩件寶物現皆寄放於東京國立博物館，不在寺內。

特有的例行法會與活動

日本各寺院往往有屬於自己的特別

法會與活動，總持寺自不例外。以下所舉皆是在臺灣少見的活動。

二月三日是達摩供養，因為達摩像在日本是很受歡迎的佛教文物，外形很像不倒翁。此寺在每年二月三日節分當天會舉行「達摩供養」，已完成使命的老舊達摩會在這天焚毀。

西新井大師也是東京著名的觀賞牡丹的地點，每年四、五月的花祭時節，約有四、五百株牡丹彩繪全境。

六月十五日舉行的青葉祭，則是祀「稚兒大師」的法會，所謂稚兒大師即弘法大師的幼年像。大師生於現在的香川縣善通寺市，幼名真魚，自幼聰穎，被視為神童，日本人自古以來就認為信仰稚兒大師，兒女較容易養育，且兒女功課必將有卓越表現。

每年十月第一個星期六舉行「北齋會」，以紀念舉世聞名的浮世繪❹大師葛飾北齋（一七六〇～一八四九年）。北齋可說是江戶時代後期最具代表性的浮世繪師，也是幕末風景版畫集大成者，他在旅行話題盛行的當時，繪製了著名的《富嶽三十六景》，可以說北齋開創並確立了浮世繪「名所繪」的風景畫風格。不僅如此，北齋大膽新奇、誇張有力的構圖與畫風，對法國印象派的多位近代畫家更有莫大的影響，這也使得北齋成為世界著名的日本畫家。

北齋相當長壽，世壽九十，與其說他是畫家，不如說他更像是現代的插畫家，為了充分滿足下單顧客的需求，所以作品極多，超過三萬件。

只是北齋和總持寺又有何關係？原來此寺珍藏著北齋的鉅作《弘法大師修法圖》（寬一五〇公分、長二四〇公分）。北齋一生改過三十幾次畫號（相當於作家的筆名），最後的畫號是「畫狂老人卍」，由畫號可見佛教對北齋應有所影響，《弘法大師修法圖》即此時期的代表性傑作，也是現存作品中最大的。

《弘法大師修法圖》每年會在總持寺本堂公開一次，圖以夜裡手持經卷的弘法大師為中心，左有猙獰赤鬼、右有猛狗狂吠，筆觸剛毅有勁，深具震憾力。北齋創作此畫已高齡八十七歲，卻仍保有原本作畫的動力，可謂神來之筆。

想要到總持寺可坐東武大師線在「大師前」車站下車，走路一分鐘就可到達，該車站是東京都內少見的無人車站。

註釋

❶為表示其虔敬，雕刻佛像時，每下一刀，必禮拜三寶三次。

❷關東厄除三大師是指奉祀弘法大師空海的真言宗三座寺院，即西新井大師、川崎大師、觀福寺大師堂。

❸有關長谷寺介紹，請參考法鼓文化出版《禪味奈良》。

❹浮世繪是日本的一種繪畫藝術形式，起源於十七世紀，主要描繪人們日常生活、風景和戲劇。「浮世」是指當時人們所處的現世，即現代、當代、塵世之類的意思，因此浮世繪即描繪世間風情的畫作。浮世繪常被認為專指彩色印刷的木版畫（日語稱為錦繪），但事實上也有手繪的作品。

鹽船觀音寺

舟形坡下古伽藍

位於東京都鹽船的觀音寺，
躲過二次世界大戰的戰火摧殘，
留下豐富的建築文化財，今日是著名的觀音靈場與花寺。
回溯鹽船觀音寺的地名與建寺，充滿神異傳說，
還有段「八百比丘尼與人魚」的故事。

址 東京都青梅市鹽船194
電 0428-22-6677
網 http://www.shiofunekannonji.or.jp/

鹽船觀音寺三門十分古樸，在門前即昭示為關東第七十二號觀音靈場。（秦就攝）

東京因為二次世界大戰時遭受嚴重破壞，戰後滿目瘡痍，古寺多成廢墟，但其中有一處因不在市中心，而留下許多文化財，為擁有悠久歷史的東京留下見證。鹽船觀音寺位於距離東京都市中心約四十公里的青梅市鹽船，擁有豐饒的自然景觀，在刻意經營下，已成著名的花寺，是東京人賞花散心的好去處。

鹽船觀音寺山號大悲山，全名大悲山鹽船觀音寺。同時也是關東八十八所靈場的第七十二札所、東國花寺百寺的東京第十三札所、奧多摩新四國八十八所靈場的第五十九札所。

八百比丘尼的人魚傳說

鹽船觀音寺的成立年代傳說相當久遠，可以追溯到大化年間（六四五～六五〇年），若狹國八百比丘尼在此安置一尊紫金千手觀音像開始。

八百比丘尼是何許人？

不意外，八百比丘尼是傳說中的人物，卻又不像虛構的人物，因為有關她的事蹟傳遍全日本，不屬於一個地方型的民間傳說人物，有關她的故事中，最神奇的是和人魚有關的傳說。

故事發生在若狹國某漁村的村長家，村長請大家吃人魚肉，村人知道吃了人魚肉可長生不老，永保年輕，但感覺吃人魚肉像吃人肉，口中說好卻只佯裝吃下，偷偷把人魚肉藏到懷裡，然後在回家路上丟棄。沒想到有人沒聽到這計畫，而帶回人魚肉，結果被不知情的女兒吃掉，這女孩一直保持十幾歲的模樣，而且活了許久、許久，父親、丈夫都因老衰而先她離開人世，甚至那一代的村人都過世了，她仍舊活著。人生成了漫無止境地活著，於是她決定出家為尼，幫助周遭貧窮的人們。最後她消失在岩窟中，此人即是八百比丘尼。

為鹽船命名的行基和尚

鹽船觀音寺的「鹽船」之名是行基和尚（六六八～七四九年）所取。行基十五歲出家，之後在飛鳥寺（官大寺）學法相宗等。七〇四年以俗家做為家原寺，住於該寺；其師為著名的道昭法師，他曾入唐於玄奘法師座下學習。

七三六年，印度僧菩提僊那（七〇四～七六〇年）和林邑國（越南）佛哲、唐僧道璿（七〇二～七六〇年）同時赴日，由行基迎入奈良平城京住於大安寺。七三八年，由大和朝廷授「行基大德」號，七四〇年開始協助奈良大佛的建立。七四一年，聖武天皇（七〇一～七五六年）和行基見面，起用為東大寺大佛造營勸進；勸進效果極大，因此功績成為東大寺的「四聖」之一。

七四五年，行基由朝廷授與佛教界最高位「大僧正」之位，同時也是日本第一次贈此位。七四九年，他以八十一歲之齡圓寂，朝廷授「行基菩薩」號，當時人稱行基為「文殊菩薩的化身」。

行基打破禁忌，將原屬朝廷信奉的高貴佛教，轉向一般民眾弘法，因他將佛法弘傳民間，獲得極大的聲望。他行腳各地，做成古式日本地圖

阿彌陀堂內的廚子，即是供奉阿彌陀佛本尊的佛龕。（秦就攝）

《行基圖》，挖掘溝池、運河、架橋，為窮人設置布施屋等，由行基在日本各地任開基的寺院為數眾多。天平年間（七二九～七四三年），他行腳到這一帶看見周圍小丘彷佛船形，於是想起弘誓舟的譬喻：佛濟眾生的弘大誓願，猶如要使船上之人渡於彼岸，於是取此地名為「鹽船」。

室町時代的古老伽藍與佛像

鹽船觀音寺在室町時代後期所建的本堂、阿彌陀堂、仁王門、本堂內的廚子❶，現皆為國指定重要文化財。仁王門（重文）則是懸山頂茅葺八腳門，兩尊孔武有力的木造金剛力

士立像，是東京都有形文化財。

阿彌陀堂（重文）寄棟造妻入、茅葺形銅板葺。桁行兩間、梁行一間，比本堂規模小了不少。阿彌陀堂旁的森森大杉其實是兩棵長成一棵的夫婦杉，已列為東京都天然紀念物。

本堂（重文）是廡殿頂建築、茅葺，大小桁行五間、梁行五間，此建築現仍使用中，當今世人還可以和數百年前的人擁有同樣的空間，禮同一尊佛像，就像走入時光隧道中，最能讓參訪者生起莫名的感動。本堂廚子內

歷史悠久的本堂，為茅葺、寄棟造建築，是國指定重要文化財。（秦就攝）

的本尊十一面千手千眼觀世音菩薩（千手觀音）像，已被指定為東京都有形文化財。

此寺的二十八部眾也是東京都有形文化財，二十八部眾立像的完成年代，橫跨鎌倉、室町時代，其製作歷史之久遠，在全日本排第二。觀音菩薩的眷屬二十八部眾之說，是根據善無畏（六三七～七三五年）所譯的《千手觀音造次第法儀軌》。東、西、南、北和上、下各四部，東北、東南、西北、西南各一部，故合計二十八部眾。該經由弘法大師空海（七七四～八三五年）帶入日本，但除日本外，並不普及，在臺灣也很少見。

花之寺和日本的彼岸時節

昭和四十年代（一九六六年）以後，在常住和信眾的努力下，此寺已成為花之寺。春天的杜鵑、初夏的繡球花、山百合、秋天的胡枝子、石蒜等，在季節的推移中開出不同花海，讓參訪者能見花而心生喜悅祥和。

此寺特別出名的是杜鵑花，每年四月中旬到五月上旬，都會舉行的杜鵑祭，吸引觀光客如潮水湧入，從本堂下，往祈願堂走去，地形有如船底，圍繞著護摩堂弘誓閣的缽狀斜面，不管視線投向何方，都可看到盛開的花朵怒放，花間有小徑相通，可在花間散步，近距離欣賞花朵，沾染花香。

鹽船觀音寺是有名的花之寺，種植十五品種、約一萬七千棵杜鵑，每年四月中旬到五月上旬都會舉行杜鵑祭，吸引許多遊客到此參訪。（郝名媛攝）

十五種品種、約一萬七千棵的杜鵑，競相爭豔，在春日裡紛紛開且落。

到了九月，天空變得明朗清爽，黃昏提早來臨，日本漢字寫成「萩」的胡枝子，便次第開放。萩，多高明的會意字，彷彿告訴人們秋風一吹，寺中總數三百株、四種品種的胡枝子，會同時綻放淡白、粉紅的花朵。

和胡枝子爭相開放的，還有日本人稱為彼岸花❷的石蒜。從三門到阿彌陀堂的參道兩旁開滿火紅的彼岸花。日本人為何稱石蒜為彼岸花呢？因為它在彼岸時節開花。

日本的掃墓時節不在清明，而是在彼岸時節。所謂「彼岸」是以春分或秋分為準，前三天後三天合為一週的時期，日本人在這時掃墓，為已故親友祈求平安，因此日本一年有兩個掃墓時節。他們會帶著花桶，裝花、裝水在墓前插上花，用柄杓舀水淋在墓碑上，以洗去汙穢。

彼岸法會是日本發展出來的，現今最普遍的說法是，該法會和淨土思想結合而成，因為極樂世界在西方。每年春分、秋分這兩天，太陽在正東升起、正西落下，禮拜西方下沉的太陽，正可觀想極樂淨土。

八〇六年，日本首度舉行彼岸會，根據《日本後紀》，當時的崇道天皇（早良親王，七五〇～七八五年）為此命令各地的國分寺僧侶誦讀七日《金剛般若經》，鹽船觀音寺每年春、秋也都會舉行此法會。

彼岸時節的供品是「牡丹餅」和

「御萩」，其實是相同的東西，都是在麻糬外包裹一層紅豆餡，取這樣的名字是因牡丹（春）和萩（秋）在彼岸時節盛開。

山伏修行的體驗講座

鹽船觀音寺是真言宗醍醐派別格本山，總本山醍醐寺位於京都山科，開山聖寶理源大師（八三二～九〇九年）是弘法大師空海的弟弟，奈良東大寺別當真雅僧正（八〇一～八七九年）的弟子。理源大師聖寶也被稱為修驗道大峰山中興之祖，修驗道是在深山修行的山岳宗教。聖寶在金峰山修行，是大峰山信仰復興的修驗者。修驗者即山伏，是在山中步行、修行以獲得超自然力量的修驗道之指導者❸。

因鹽船觀音寺同時兼真言宗和修驗道色彩，所以每年除了會舉行真言宗的各種法會外，也會讓信眾預約山伏修行的一日體驗講座，這是較為特殊，並和其他寺院不同的例行活動。

註釋

❶表廚子是將佛像、佛舍利、經典、牌位等安置其中的佛具，故廣義而言，佛壇也可以算是廚子。

❷白色的彼岸花又稱曼陀羅華，紅色的彼岸花又稱曼珠沙華，是《法華經》中的四花之一。

❸關於醍醐寺、金峰山寺，可參考法鼓文化出版《禪味京都》、《禪味奈良》。

護國寺

幕府將軍祈願處

護國寺是江戶三十三所觀音靈場的第十三札所，寺內有絕對祕佛「琥珀如意輪觀音」、一言地藏、東京最大的佛像，在江戶時代已是居開帳最有人氣的寺院之一，也是東京都心內，少數可見江戶時代建築的寺院。

址 東京都文京區大塚5-40-1
電 03-3941-0764
網 http://www.gokokuji.or.jp/

護國寺本堂，就外觀而言，有著淺綠色光澤的「瓦棒銅板葺」屋頂是其特色。（秦就攝）

由於東京近代歷經地震、世界大戰的摧殘，留下的古老建物不多，但就在市中心東京大學所在地的文京區，卻有一座寺院保存了數棟江戶時代建築，而且狀態良好，被列為重要文化財建造物，該寺即真言宗豐山派的護國寺。

無有檀家的大寺

一六八一年，五代將軍德川綱吉順從母親桂昌院的願望，獻高田藥園之地，請高崎大聖護國寺住持亮賢（一六一一～一六八七年）負責建立桂昌院的祈願寺，完成後全名神齡山悉地院大聖護國寺，當時的主尊為桂昌院的念持佛——琥珀如意輪觀音（絕對祕佛）。

在公開佛像的週期或神佛的生日等特定日子，寺院會將供奉佛像的佛堂和廚子門打開，讓信眾得以參拜，稱為「開帳」，在佛像所在的寺院進行稱「居開帳」，在寺院以外的地方進行則稱為「出開帳」。護國寺是江戶三十三所觀音靈場的第十三札所，在江戶時代淺草寺觀音、江之島辯天、護國寺觀音，都是居開帳最有人氣的寺院。

原本護國寺東邊還有護持院相鄰，該寺是新義真言宗的僧錄（該宗最高格式寺院），兩寺在明治時代合併，但實際上此寺面積並未因而擴大，因為護國寺是將軍家的祈願寺，除了將軍家以外，沒有其他檀家，故在明治維新後，陷入經濟困境。

檀家是「檀越的家」的意思，而檀越是梵語音譯，意譯為布施，即給與、施捨之意。日本在飛鳥時代的蘇我氏和秦氏等有力氏族，開始建立一族皆為檀越的氏寺，如著名的奈良飛鳥的飛鳥寺、京都太秦的廣隆寺。

隨著佛教更廣泛深入地進入日本社會，原本以氏族為單位建立氏寺，變成以家為單位建寺，於是在鎌倉時代就出現「檀家」一詞。換句話說，信眾所屬之寺院為檀那寺，所屬之信徒為檀家，檀家布施檀那寺，同時葬祭供養等全賴該寺負責。

護國寺本堂主供如意輪觀音，又稱觀音堂。（秦就攝）

褪祈願寺色彩，重振寺運

護國寺在沒有經濟支撐的情況下，五萬坪土地之中，東側兩萬五千坪成為宮家墓所，也就是除了天皇、皇后以外的皇族專用墓地，西側五千坪則淪為陸軍用墓地，寺境縮小為僅餘兩萬坪。

面對如此困境，知名實業家、茶人高橋義雄（一八六一～一九三七年）任護國寺檀家總代，從大正到昭和初期，對此寺進行一連串變革，例如將因關東大地震而毀損的松平不昧❶的墓所，移轉到護國寺，此墓成為護國寺唯一的江戶時代墓，此後，如明治時代擔任過首相的三條實美、山縣有朋、大隈重信等許多著名人物，都以此寺為長眠之所。

此外，並將滋賀縣園城寺月光殿遷移到本堂西側，又興建了五處茶室。一九三八年，又仿滋賀石山寺、京都鞍馬寺興建多寶塔、不老門，同時利用月光殿和茶室，在護國寺舉辦大規模的茶會。

水屋旁種植的安行櫻，是埼玉縣川口市安行地區的獨特品種，比染井吉野櫻早一步開花，花色較濃，看到安行櫻開，便預告了春天的腳步已走到護國寺，而前方石階旁更種植了許多杜鵑和櫻花接力開放。

凡此種種改革，使護國寺拋卻幕府將軍家的色彩，成為一般日本民眾可以親近的寺院。

保留江戶時代建築的寺院

仁王門（區指定文化財）是元祿時代建築，地下鐵護國寺站下車出站，立刻可見到此門，也是護國寺的入口。面向護國寺仁王門右側另有惣門（「惣」即「總」，區指定文

護國寺為真言宗豐山派大本山，圖為該寺仁王門。（吳宜菁攝）

化財），也是元祿中期所建，卻和寺社佛閣的門不一樣，外觀是江戶時代武家大名住宅表門的形式。寺社門會出現住宅門的形式，是因幕府乃護國寺主要的外護，和德川將軍家關係匪淺。

穿過仁王門往參道前進，會看到左右各有一水屋（手水舍），內各有造形優美的唐銅蓮葉形手洗水盤，這一對水盤是江戶五代將軍德川綱吉的生母桂昌院所獻，一六九七年左右所鑄成。這一手水舍在江戶後期的《江戶名所圖會》中曾刊出，一直到明治大正時期，都利用此山中湧水為水源，成為一對自噴式水盤。近年水屋完成修復，符合日本人習慣在進入寺院前到手水舍中先行清洗一番，清淨身心

護國寺有一對造形優美的唐銅蓮葉形手洗水盤，利用此山中湧水為水源。（秦就攝）

後才進入寺院的習慣。

石階上另有一座不老門，高掛的「不老」二字，是德川宗家十六代當主德川家達所書。

穿過不老門，右側為大佛銅像和鐘樓，左側為多寶塔、月光殿。

參道旁的大佛像，是僅高兩公尺半的座像，不過，據說這已是東京都區內最大的佛像了。因為此座像立於台座之上，顯得更加崇高莊嚴，大佛不管晴日冬雪，都保持著微笑慈顏。

鐘樓（區指定建造物）是傳統的高袴腰付重層的歇山頂建築，江戶時代中期營造，都內同種類的遺構幾乎都已消失，所以這鐘樓是傳承了當時樣式的貴重文化遺產，鐘樓中的梵鐘是一六八二年所獻，銘文中記敘了桂昌院建立觀音堂之事，為此寺的建立保存了貴重的歷史資料。

月光殿（重文），原是桃山時代所建的園城寺日光院客殿，一九二八年遷移到護國寺。

參道的盡頭即是本堂（重文），也就是觀音堂，建於一六九七年，是一單層歇山頂的大建築物。在德川綱吉將軍的命令下，從動工到完成僅花半年的時間。屋頂散發著淺綠色光澤是其一大特徵，這是當時建築技術的精華「瓦棒銅板葺」；另一方面採取了鎌倉時代建築樣式，可說是當時的新舊建築技術的融合。本堂外懸掛著一個很大的燈籠，木構部分的頭貫前端、木鼻❷，有著獅子、獏、象等手工精細的雕刻。

本堂內有許多佛像，包括大日如來座像、地藏菩薩立像、不動明王像等均已指定為區文化財。護國寺本堂保持著元祿時代以來的外觀，由於東京近代以來屢被火災、震災、戰爭波及，能在都心文京區看到元祿時代的大建築，實令參拜者感到驚喜。

護國寺參道旁的微笑大佛。（秦就攝）

本堂旁的藥師堂（區指定文化財）建於一六九一年建，原本為一切經堂，一九二六年改變用途成為藥師堂，保存了元祿時期的外觀，真言宗寺建築卻有著禪宗的花頭窗，是其特色。本尊藥師如來據說是此寺草創時，在此地蟹池中出現的靈像，現收於本尊藥師如來的胎內，左右有十二神將像。

向一言地藏菩薩訴願

鐘樓附近，另有真言宗寺院都會有的大師堂（區指定建造物），藥師堂在一七〇一年重建，於一九二六年大整修後，

護國寺大師堂。（秦就攝）

移到現地變更為大師堂，外觀上裝飾少，給人樸素莊重的印象，保存了中世紀的特徵，堂中祀開祖弘法大師。大師堂一側有供奉地藏菩薩的小堂。

到地藏菩薩前許願，突然想起母親，她總擔心家人的大小事，每到寺廟總是拿著香，口中念念有詞，和菩薩神明溝通良久……。隨著責任變重，要向菩薩報告的事情真的會變多，於是我深深深深吸氣，只一口氣便把該說的話說完……，因為這尊地藏很特別，稱為「一言地藏」，只傾聽一口氣說完的心願。

因為經驗有趣，便將之寫在臉書（Face Book）上，立刻有人回應：「那你的氣長不長啊？如依你描述深深深吸口氣，像淺水閉氣般，起碼你也要報告個一分鐘吧！話說這菩薩好性格，好奇為何只聽一口氣的禱告？」

我也打趣回話：「菩薩很忙，信眾講太多，他也忙不過來，所以限制每人只能講一口氣。我想大家都會體諒的。」

註釋

❶松平不昧即松平治鄉，是出雲松江藩的第七代藩主，他同時也是江戶時代的代表性茶人之一，以「不昧」之號知名於世。

❷頭貫是讓簷柱和簷柱間，堅實相連結的橫木，即額枋、闌額。木鼻指肘木、頭貫或虹樑等水平材的尾端，所雕飾動物等紋樣。

增上寺

東京塔下舊伽藍

位於東京塔下的增上寺，為淨土宗七大本山之一，因德川家康與十二世源譽存應上人相談契合，而被定為德川家的菩提寺，名列淨土宗關東十八檀林第一。曾遭受二次世界大戰戰火無情燒毀，花了四年時間重建，新建的寺內鐘樓曾有「江戶三大名鐘」之譽，而致力保存的傳統藝術「薪能」，更被指定為「重要無形文化財」。

址 東京都港區芝公園4-7-35
電 03-3432-1431
網 http://www.zojoji.or.jp/

增上寺三解脫門規模浩大，可說是增上寺的看板。（秦就攝）

東京鐵塔是東京的象徵性建築，在電視、電影中看到這座鐵塔，即知正在訴說關於東京的故事。東京鐵塔的曲線在夜晚被燈光打得更加明媚，不但是東京的重要地標，更是許多人對東京懷抱憧憬的浪漫象徵物。鐵塔附近的芝公園則是東京都市中的一塊可貴綠地，不管鐵塔或綠地，原都屬於增上寺這座和江戶時代的歷史密不可分的寺院。喜歡看日本時代劇的人，對這座寺院定不陌生。

東京都港區的增上寺規模宏大，是淨土宗七大本山之一，到東京鐵塔朝聖的觀光客，不妨順道走訪此寺，才

東京鐵塔下的增上寺，其大殿從一九七一年起花費四年建造。（吳宜菁攝）

不會讓東京之行，留下一塊未完成的缺角。

位於江戶的裡鬼門

增上寺山號三緣山，院號廣度院，相傳空海（七七四～八三五年）的弟子宗叡（八〇九～八八四年）在武藏國貝塚（現在的千代田區）建光明寺，是增上寺的前身。

一三九三年，酉譽聖聰（一三六六～一四四〇年）將光明寺由真言宗改為淨土宗，所以聖聰是增上寺實質上的開基祖師。

一五九〇年，相傳統治關東之地不久的德川家康（一五四三～一六一六年），偶然經過增上寺前，見到十二世源譽存應上人（一五四六～一六二〇年），兩人相談甚契，於是家康選定增上寺為德川家的菩提寺，後來更由朝廷賜存應上人「普光觀智國師」號。

成為德川家的菩提寺後，增上寺先從貝塚移至日比谷，又因江戶城的擴張，一五九八年，德川家康決定將增上寺遷到現在的「芝」這塊土地上。就風水學而論，上野寬永寺位於江戶的「鬼門」（北東），而增上寺則位於江戶的「裡鬼門」（西南）。一六一六年，德川家康歿，遺言在增上寺舉行葬儀。

到了明治初期，政府在增上寺中成立半官半民混合神佛機關——大教院本部，並設有大教院神殿，曾被排佛者放火。增上寺規模縮小，境內廣大範圍成為芝公園。直到一八七五年，增上寺被列為淨土宗大本山，又有日本憲法之父伊藤博文（一八四〇～一九〇九年）等的護持，增上寺才見到復興之兆，燒毀的大殿與其他堂宇漸次展開重建。不過，因一九四五年的空襲下，增上寺不但先前的努力一夕歸零，同時更失去德川家靈廟、五重塔等建築。

寺格百萬石

江戶時代的增上寺，不但是德川將軍家菩提寺，也是管理日本全國淨土宗宗務的總錄所所在地，同時也名列淨土宗關東十八檀林第一，當時修行僧常在三千人左右。檀林是佛教寺院僧侶的養成機關、佛教宗派的學問所，也稱為學寮、學林、禪林等，檀林中的佛教教學可超越宗派立場❶，以前日本各宗幾乎都設有檀林。

增上寺的領地（寺領）當時有一萬餘石。二十五萬坪寺境內有寺院四十八、學寮百數十間，號稱「寺格百萬石」，簡直可和京都的淨土宗祖山知恩院比肩。

因二戰之災，德川將軍家靈廟幾乎全毀，幸免於戰火的只有三門、經藏、黑門等。於是在戰後展開漫長的復興之路，現在除免於火劫的古建築外，尚有重建後的大殿、安國殿、圓光大師堂、光攝殿、鐘樓、經藏、慈雲閣等堂宇，矗立在一萬六千坪的土

增上寺大門是附近町名和地下鐵站名的由來，因道路拓寬而改建成保有古風的鋼筋水泥門。圖中右柱寫著黑本尊，最左方寫著薪能，是此寺最具代表性的佛像和活動。（秦就攝）

地上。

三解脫門（重文）的建築樣式是歇山頂的三戶二重門，規模浩大，可說是增上寺的看板，同時也是東京都內少數的古建造物，也是東日本最大的木造門之一。所謂「三解脫門」是空、無相、無願的合稱，此門原是增上寺的中門（表門為大門），在德川幕府的支持下，由幕府大工頭帶領，於一六二二年完成，是增上寺在江戶初期大造營時期所留下的唯一建築。這以唐樣❷為主的建物，卻有和樣❸勾欄等混合式的建築，頗能展現和式建築之美。上層內部供奉釋迦三尊像和十六羅漢像，但不公開。

黑門原是增上寺方丈的表門，三代將軍德川家光（一六〇四～一六五一年）所獻。明治時代曾在增上寺方丈置北海道開拓使學校和海軍施設（如今已成芝公園的一部分），將黑門移到鐘樓堂邊，一九八〇年又移到現在的三解脫門旁。

大門是附近的町名（芝大門）和地下鐵站名（大門站）的名字由來，相當於增上寺的總門。一九三七年，因為道路通行的關係，乃依原型放大，建成一座鋼筋水泥門，但外觀仍保有古風。

水盤舍原是清揚院殿（德川家光三男德川綱重，一六四四～一六七八年）靈廟的一部分，明治時代解體而逃過昭和的空襲，後來才遷到現地，是德川將軍家靈廟建築的寶貴遺產之一。

戰後新建的大殿花費四年建造，從一九七一年開始，一九七四年完成，以供淨土宗大本山念佛根本道場舉行各種儀式法會。本堂御座中供奉本尊阿彌陀如來（室町期製作）兩脅則祀高祖善導大師（六一三～六八一年）和宗祖圓光大師法然上人（一一三三～一二一二年）像。

劫後重生的伽藍

面向本堂右方的安國殿，主供據說是能招納勝運的黑本尊。相傳祕佛黑本尊是惠心僧都源信（九四二～一〇一七年）所作，原是一尊阿彌陀如來像，德川家康深崇此像，打仗時也帶在身邊祈求戰勝。家康歿後供奉於增上寺，對輸贏、避災十分靈驗，江戶時代以來，廣為一般百姓所崇信。據說該像因長時間被供香的煙霧熏黑而得到「黑本尊」之名；另一說，是因為不斷代受人們的惡事災難，所以身體變得一身黑，每年僅正月、五月、九月的十五「御開帳」（開放）。

二〇〇〇年興建的光攝殿，位於面對本堂的左方，一樓是講堂、三樓是大廣間；面積一〇八疊的大廣間，裡面格天井（格狀天花板）上有一百二十位日本畫家的嘔心瀝血之作，這些天井繪主要是畫四季花草，有望成為二十一世紀的美術遺產。

安國殿主供的黑本尊，是阿彌陀如來像，德川家康深崇此像，從江戶時代以來，廣為百姓所崇信。（秦就攝）

在德川幕府援助下完成的經藏（都文），內部中央有八角形輪藏，八間四面、土藏造（外牆為土牆漆以灰泥）的典型經藏。當中所收藏的宋版、元版、高麗版等《大藏經》（重文）是德川家康所捐，這些《大藏經》現收

德川將軍家墓所入口門，左右門扇上各配五個葵紋（德川家家徽），兩邊且有青銅鑄造的昇龍和降龍。（秦就攝）

藏在收藏庫中。現在的鐘樓堂是戰後重建，鐘樓堂中的大梵鐘是一六七三年所鑄，是東日本最大的梵鐘之一。圓光大師堂、德川將軍家墓所位於大殿後方左右，圓光大師堂祀法然上人。

江戶的增上寺和寬永寺都是德川將軍家的菩提寺，尤其本寺安葬江戶時代十五位征夷大將軍中的六位（德川秀忠、家宣、家繼、家重、家慶、家茂），不管規模數量、莊嚴華麗皆不讓日光東照宮專美於前。這些舊德川將軍家靈廟也稱御靈屋，以墓所、本殿、拜殿等施設組成，是當時日本建築技術的結晶，原本並列在增上寺大殿南北（左右），因一九四五年的兩次空襲，先後把北廟六十八棟、南廟二十八棟建造物群燒毀，僅存台德院靈廟惣門、敕額門、丁字門、御成門（後三者已遷至埼玉縣不動寺）和有章院靈廟二天門、文昭院靈廟奥院中門（均為重文）。

一九五八年，燒毀的御靈屋群由文化財保護委員會為主的調查團體，進行了詳細的學術調查後，將這些土葬的遺骸荼毘，並改葬在現在的安國殿後方。改葬後的墓所入口門是原文昭院靈廟奥院中門，又稱「鑄拔門」，左右門扇上各配上五個葵紋（德川家家徽），兩邊且有青銅鑄造的昇龍和降龍。墓所內部則配置各將軍的寶塔和各大名捐獻的石燈籠。

合祀後空出的靈廟跡地現成為東京王子飯店（文昭院、有章院等）、王子公園東京塔酒店（台德院、崇源院等）。

面向墓所入口門右方有許多地藏石像，稱「千體子育地藏尊」，總數達一千三百尊，以及其旁的西向觀音，同樣對小兒平安與生產順利相當靈驗。西向觀音是江戶三十三觀音札所的第二十一靈場，而地藏尊則是從一九七五年起，才開始供奉於此。

薪能與鐘聲

增上寺的「薪能」在日本相當著名，「能」是能樂的略稱，江戶時代因是幕府的儀式藝能而隆極一時，明治維新後瀕臨廢絕的危機，後來經過公家、貴族與許多有志之士的努力奔走，例如組織能樂社（後來的能樂會），並興建能樂堂（當時面積達七百餘坪、建築物達百餘坪，位居現在的東京鐵塔邊），而使榮景維持了下來。

表演的舞台能樂堂，在大戰期間化為灰燼，直到增上寺大殿重建完成後，曾擁有能樂堂的增上寺，便在大殿前搭建舞台，以薪能之姿復活。

所謂薪能，主要是在夏天晚上在能樂堂或野外臨時搭建能舞台，並在周邊點燃篝火，做為照明的野外能劇表演。薪能舞台的選定極為重要，增上寺的舞台設置在參道上，由於坡度和緩，以朱色的三解脫門與格蘭特將軍❹手植松樹等新綠樹木為背景，在搖晃的火光中，最能營造起迷離的氛圍，將觀眾帶入幽玄的能劇世界。

增上寺的能劇原是為了獻給增上寺本尊阿彌陀如來，就像以前臺灣經常可見的野外酬神戲。但能樂做為擁有六百年以上歷史的傳統藝術，不只在日本，在全世界現存的古典劇中也是發源極早的，其簡潔集中的表演方式，以及獨特的舞台藝術都獲得極高評價，故被日本指定為「重要無形文化財」。

增上寺的大梵鐘高三公尺多、重達十五噸，是江戶三大名鐘之一，江戶時代已常出現在川柳❺中：「現在聲響是來自芝（增上寺）、上野（寬永寺）還是淺草（淺草寺）？」、「江戶七成都聽得到芝的鐘聲」、「連西

增上寺的大梵鐘為江戶三大名鐘之一，與寬永寺、淺草寺大鐘齊名。（秦就攝）

國的盡頭都聽得到芝的鐘響」，雖然詩句誇張，但可見增上寺梵鐘名號之響。

離開增上寺時，接近下午五點，正好是早、晚兩次撞鐘的時刻，撞鐘的法師早已立在鐘前一會兒了，口中念念有詞，應是誦著〈叩鐘偈〉吧！當鐘聲一響，寺內許多原本正在行走的訪客都停下腳步，觀看法師撞鐘的專注神情，同時也讓悠揚的鐘聲，將煩惱帶到九霄雲外。

註釋

❶日本改成現代的新學制以後雖廢止檀林，但原有檀林也有改制為大學者，如東京吉祥寺的旃檀林即為今駒澤大學的前身之一。

❷唐樣是鎌倉時代後期，由禪宗寺院從漢地引進的建築樣式。

❸和樣是早期傳入日本的寺院建築樣式，平安時代受到國風文化的影響，建築也產生日本特色，例如大佛堂使用住宅用的細柱，並在柱間釘上長押（兩柱間的橫板），以增加強度。

❹格蘭特將軍，即Ulysses S. Grant，為美國第十八任總統。

❺川柳是一種以五、七、五音節組成的日語詩。

高圓寺

將軍茶樹阿波踊

每到夏日，超過一百二十萬位遊客蜂擁到高圓寺，只為一睹高圓寺阿波踊，也形成特殊的東京風物詩，除了傳統盆舞外，高圓寺因獲德川家光造訪，寺中仍有將軍手植的茶樹，還有知名的桃園觀音，讓高圓寺不因面積小而削弱了光芒。

址　東京都杉並區高圓寺南4-18-11

電　03-3311-2395

網　http://kouenji.biz/information/

高圓寺本堂，主供觀音菩薩，信眾暱稱為「桃園觀音」。（秦就攝）

東京有許多地名是以佛寺為名，例如：國分寺、品川寺，以及本文所提及的高圓寺等，這些寺院已歷史悠久，但在都市發展之後，寺域變小，卻因其重要性而成為地名。

高圓寺中處處可見德川家家紋，顯然在江戶時代和德川將軍家有關，到底是什麼因緣，使此寺和幕府將軍家關係密切？

臺灣有許多地名與日本一樣，例如：高雄、三重，以及比較少人知道的桃園。桃園與高圓寺又有何關係？

高圓寺一帶在二次世界大戰前，吸引了眾多文藝人士到此居住，即使大戰後，定居這一帶的仍以年輕住戶為主，又是什麼原因造成這奇特的現象？

日本各地都有盆踊流傳，高圓寺阿波踊為何每年能吸引百萬觀光客前往參觀？

臺灣作家寄居高圓寺

筆者開始注意到東京杉並區高圓寺，是因為戰前一位重要的臺灣文學作家翁鬧（一九一〇～一九四〇年）的散文〈東京郊外浪人街——高圓寺界隈〉。一九二三年，東京大地震，許多原本住東京都心的人，都搬到未受地震嚴重波及的高圓寺一帶，使得這一帶很快發展為住宅區而人口急增，包括許多日本藝文界的活躍分子，例如以《蟹工船》聞名於世的日本普羅作家小林多喜二（一九〇三～

一九三三年），以及新感覺派評論家新居格（一八八八～一九五一年，無政府主義者，戰後當選杉並區的初代公選區長）都住到高圓寺附近。

一九三三年，希特勒當選成為德國首相，日本政府也開始對國內各種異議分子加以取締與迫害，就在這一年，小林多喜二被捕，同日被特別高等警察❶刑求致死。一九三四年，日本普羅作家同盟發表「解散聲明」，左派分子、無政府主義者，以及被當政者認為破壞社會體制活動的藝文工作者，紛紛移居高圓寺一帶。同年，一位青年從殖民地臺灣來到首都東京，他是出身彰化社頭的臺灣戰前重要作家翁鬧。

翁鬧來到東京，想要和內地的主流作家們一爭高下。他和另一位臺籍作家巫永福（一九一三～二〇〇八年）都受到「新感覺派」的影響而從事創作。新感覺派主要由文學家橫光利一（一八九八～一九四七年）、川端康成（一八九九～一九七二年）等人所創，橫光利一早逝，而川端康成則為第一個獲得諾貝爾獎的日本作家，可見其影響之鉅。

想像住到東京郊外高圓寺的翁鬧，當時是位理著河童頭的文藝青年，一到夜裡就在咖啡店、酒吧留連，高圓寺一帶就這樣熱鬧起來，左派青年、無政府主義者、畫家、外國人，甚至康康舞的舞者、遊民都混居在這裡，這正是大正到昭和初期，高圓寺一帶的風景。翁鬧就在這一既邊陲又異質

三門上的額匾書「宿鳳山」是高圓寺山號，門上的三葉葵紋是德川將軍家紋。（秦就攝）

的空間中闖蕩，然後，如流星般短暫發光後隕落，沒人知道他最終為何人間蒸發，何時消失在這世間。

因鷹獵留宿締結的「將軍緣」

高圓寺山號宿鳳山，於一五五五年，中野成願寺的建室宗正開山建寺，屬曹洞宗寺院。

傳說將軍德川家光（一六〇四～一六五一年）鷹獵時，因雨而停宿高圓寺，當時第五代住持中興開基耕岳益道和尚，並未以將軍之禮來迎接他，而是以一般遇雨掛單的信眾來對待他，家光因這種不經意、平常心的接待而景仰和尚，從而常到高圓寺。

鷹獵，是古代帝王貴族的娛樂及

權威的象徵，好的獵鷹甚至比黃金還貴，只有那些有錢有閒的貴族和富裕階層可以從事。所以這種可能源於中亞或蒙古高原的打獵方式，雖然歷史悠久，但非一般人可進行。

日本鷹獵的歷史也很久遠，古墳時代的埴輪❷就發現手上停鷹的陶器，保存奈良時代眾多文物的正倉院，也看得到鷹獵的相關文書。但古代日本的鷹獵是屬於支配者的狩獵活動，鷹場禁止一般人出入，一直到平安時代，還設藏人所、主鷹司，來飼鷹與調度天皇的鷹獵。

平安時代以後，因佛教禁止殺生，對於鷹獵一事採否定態度，於是飼鷹和鷹獵的法規限制也日趨嚴格，最終成為天皇和部分貴族的特權。

將軍手植茶樹與御殿跡

德川家光後來常請耕岳益道和尚前往江戶說法，此寺聲名也就傳開。傳說有一次家光問和尚希望得到什麼獎賞？和尚說因為喜歡喝茶，盼能獲得茶樹，家光被和尚高潔的人品所感動，於是命人從宇治運來茶樹，並手植於高圓寺，至今境內仍種有許多茶樹，即因此故。也因為和德川家的往來因緣，所以寺內可以看到不少德川家的家紋「三葉葵紋」。

可惜的是，此寺曾四度遇災，最近一次發生於一九四五年，很多堂舍和舊紀錄因此毀滅。現在的本堂是一九五三年重建，主供觀音菩薩（木坐像長二尺五寸，近七十六公分），信眾暱稱為「桃園觀音」。因以前寺的周邊種有許多桃樹，所以也稱為桃園，此寺則稱「桃堂」，流過門前的河流稱為「桃園川」（現在已成為暗渠），故此尊觀音像稱桃園觀音。另外，也供奉相傳是完成於室町時代的阿彌陀如來坐像。

現在本堂後方的高台稱為「御殿跡」，相傳即是德川家光當年到此寺休息時的茶室遺跡，寺內的茶園相傳即由當年家光所贈的茶樹繁衍而來。除了本堂，此寺境內還有開運子育地藏堂、稻荷社。稻荷社的石鳥居門柱有一對蟠龍雕刻，故稱「雙龍鳥居」，是東京僅有三處的雙龍鳥居之一。

日本唯一的氣象神社

現今的高圓寺面積不大，以高圓寺車站為中心，住處表記上有高圓寺北和高圓寺南，這是戰後才改的。原本是以宿鳳山高圓寺為中心，不管車站南北都稱為「高圓寺」（舊高圓寺村）。此寺附近為閒靜的住宅街，有很多以租給學生為主的公寓和套房大樓，所以在獨居年輕人之間很有人氣。附近的商店街，也多是年輕人取向的服飾店或二手服飾店、便宜的雜貨店、飲食店、二手書店，因此一到放假日，高圓寺一帶就充斥著年輕人所散發出來的青春氣息，讓人想起明治、昭和時期有許多熱血青年曾居住於此，讓這裡成為充滿活力的地方。

高圓寺附近的冰川神社，是日本唯一的氣象神社。（秦就攝）

高圓寺車站南口有冰川神社，初見以為和冰河有關，實際上卻絲毫無關。這個神社的特別之處在於它是日本境內唯一的氣象神社。原來的神社在一九四五年遭空襲後燒毀，戰後廢止了「神道指令」，以舊陸軍氣象部的人為中心，向聯合國軍隊的宗教調查局申請，而移建到現在的位置。戰時，日本陸軍氣象預報人員為了預報準確，每天都須參拜。

東京夏日風物詩

現今高圓寺一帶，最盛大

高圓寺阿波踊，已成了吸引眾人目光的東京夏日風物詩。（照片來源：©TCVB）

的例行性活動是高圓寺阿波踊，於每年八月最後一個週末舉行。傳統舞蹈「阿波踊」是日本三大盆踊之一，發源於四國的德島縣（德島舊稱「阿波國」），約四百年歷史。

儘管日本盆踊的起源有各種說法，但從文獻上可以發現和佛教關係密切。平安時代天台宗僧侶空也上人（九〇三～九七二年）已開始邊跳舞邊念佛，和民間習俗結合成念佛踊。

到了鎌倉時代，盆踊在一遍上人（一二三九～

一二八九年）推廣之下，而在全日本風行開來，一般日本人認為盆踊是迎接精靈、超度往生者的法會。但其後念佛踊的宗教性質漸淡，盆踊的重心移往藝術表演發展，故而競相著力於華麗的服裝、舞蹈動作、道具、音樂等方面。舞蹈的特色是專注於手部動作，和今日的Para Para類似。整個盆踊的發展在江戶時代初期達到極盛，從農曆七月各地持續跳著盆踊，甚至一直跳到十月。

現在的阿波踊表演都在夏天舉行，地點則在德島縣內各地的市町村，其中又以德島市阿波踊舞者和觀光客人數最多。阿波踊後來也傳到東京，而舉行的地點即在高圓寺，稱為高圓寺阿波踊。

由於在東京高圓寺舉行的阿波踊歷史悠久，累積了高知名度，甚至很多舞者從發源地德島組團前來參加，據說每年參觀高圓寺阿波踊的人數多達一百二十萬人，儼然成為東京夏天一場重要的活動，可謂東京夏日的風物詩。

註釋

❶簡稱特高警察或特高，是當時日本的祕密警察，以維持治安之名，鎮壓破壞社會體制活動的異議分子。

❷埴輪是日本古墳頂部和排列在墳丘四周的素陶器的總稱。

題經寺

帝釋信仰板本尊

日本經典電影《男人真命苦》故事舞台就在東京柴又帝釋天，讓柴又帝釋天聞名全國。

正式寺名其實是「題經寺」，是由日本發展出的日蓮宗所創立的。

題經寺還有著名的「一粒符」，以及許多日本傳統法會，每到重要節日都擠滿祈福參拜的人潮。

址　東京都葛飾區柴又7-10-3
電　03-3657-2886
網　http://www.taishakuten.or.jp/

題經寺祖師堂（本堂）。（秦就攝）

中年讀者可能聽過《男人真命苦》這系列電影，故事舞台就在東京柴又帝釋天，這是一座不僅東京人，甚至多數日本人都耳熟能詳的寺院。

帝釋天是佛教的護法，但日本人提到帝釋天，為什麼想到的卻是柴又的題經寺？

柴又帝釋天是一座面積不大，且大部分是明治以後建築的寺院，但近代以來，從日本文豪夏目漱石的《彼岸過迄》開始，就有許多的文藝作品寫到了柴又帝釋天。人氣電影《男人真命苦》中的主角寅次郎，更使這所寺院在全日本打開知名度。極盛時期，遊覽車載來一車一車觀光客，這裡熱鬧非凡。

日本國寶級導演山田洋次自編自導這部電影，主角寅次郎過著到處擺地攤、居無定所的流浪生活，每次都因某種理由而回到故鄉柴又，看望闊別已久的叔叔、嬸嬸和妹妹櫻花，同時引發感人又有趣的騷動。他每次都會在旅行所到之處，遇到心目中的完美女性而陷入戀愛，但最後卻都以失戀收場。無疾而終的愛情，加上以日本各地的美麗風光為背景而大受歡迎，也使該系列電影拍攝部數高達四十八部，成為世界上最長的系列電影，後來因主演者過世，才不得不結束。

日蓮宗與帝釋天

葛飾柴又帝釋天的正式寺名題經寺，山號經榮山，位於東京都葛飾區柴又，屬日蓮宗。

日蓮宗是發源於日本的宗教，雖然臺灣人較少接觸，但其實日蓮宗是日本重要的佛教宗派，聖嚴法師拿到博士學位的立正大學即和日蓮宗有關，校名源於日蓮的《立正安國論》。

日蓮宗宗主日蓮大師（一二二二～一二八二年），目睹當時社會局勢動盪，天災頻仍，讓他產生疑問：「為何佛教不能為百姓帶來幸福的力量？」

為找出造成苦難與亂象的原因，日蓮年輕時便遍訪日本各寺，並詳讀一切經典，經過多年鑽研，他認為《法華經》是釋尊教義中最高的經典，是佛陀針對末法之世所說的經典，尤其〈如來壽量品〉不只是佛陀對當時，同時也是為佛入滅後的眾生所說的法。此外，他又確立了唱念「南無妙法蓮華經」的修行，透過修行讓所有人都可顯現本有佛性，發揮足以克服一切困難、逆境的力量與智慧。

帝釋天是佛教守護神，在印度最早的聖典《梨俱吠陀》中，是擁有最多讚歌的軍神，漢語音譯「釋提桓因」，住於須彌山頂的喜見城，統率包括四天王等住於忉利天的諸神。因題經寺也是柴又七福神中毘沙門天所在寺院，所以有人會將帝釋天和毘沙門天混淆，但其實兩者是完全不一樣的護法神，毘沙門天是四天王中的北方多聞天。

在未聞佛法前，帝釋天經常糾合諸天和阿修羅大戰。成為佛教護法後，帝釋天司監察人間，每個月有六天會派遣所屬來到人間，這便是六齋日的由來。

板本尊重現與庚申信仰

但在日本提到帝釋天，多指柴又帝釋天，也就是題經寺。

一六二九年，下總的中山法華經寺（位於千葉縣市川市）第十九世禪那院日忠上人為此寺開基，但一般認為其弟子日榮上人才是實際開基；到了第九代住持日敬上人時，本寺的帝釋天信仰突然興盛起來。

原來此寺原本有一傳說是日蓮聖人親刻的帝釋天板本尊，到了江戶中期卻遺失。

一七七九年修改本堂時，當時的住持日敬在樑上發現長七十五點六公分、寬四十五點五公分、厚一點五公分的木板，質地堅硬，重量比一般木頭重，因被厚塵所汙，無法判定是何物。他以水清洗後，竟發現是該寺消失已久的板本尊。該本尊一面寫著「南無妙法蓮華經」的題目，兩旁寫著出自《法華經・藥王品》的「此經則為閻浮提人病之良藥；若人有病，得聞是經，病即消滅，不老不死」經文。

另一面則是右手持劍，左手手指張開呈忿怒相的帝釋天降魔造形，表現凡有病難、火災，或其他一切災難，帝釋天必然守護。

根據日敬親自所記《緣起》，得知

在板本尊重現四年後，他親自背著板本尊，從江戶一直探訪到下總諸地，讓當時為饑饉、瘟疫所苦的人禮拜，同時將自身感應得到的「一粒符」施與眾病患，竟靈驗無比，柴又帝釋天的信仰乃散布開來。

從此板本尊重現的「庚申日」被視為吉日，由於恰與庚申信仰合流❶，吸引許多不眠的信眾到寺參拜，庚申日成為信眾堅定信仰的報恩日。每到庚申日這天，柴又帝釋天附近的田間小路，可看見三三兩兩成群結隊的人們摸黑前來此寺參拜，不管在路上遇到識與不識的人，都互道早安，而帝釋天本堂在這天也一夜燈火通明，信眾在參拜後還會順道提庭院中滿溢而出的神水回家。

題經寺前的帝釋天参道，從前每到板本尊重現的庚申日，往往通宵熱鬧非凡。（秦就攝）

雕刻《法華經》故事的畫廊

坐京成電鐵在柴又站下車，便可看到提著皮箱的寅次郎銅像，再往前即是帝釋天的參道，兩旁是特產草團子、鹽煎餅等商店，參道盡頭便是二天門。

一八九六年建造的二天門是歇山頂瓦葺的兩層樓門，屋頂有唐破風和千鳥破風。柱上的貫木等施以浮雕裝飾雕刻。第一層左右安置四天王中的增長天和廣目天二天，也是此門之名的由來。二天像是平安時代所作（另二天持國天、多聞天則置於帝釋堂內），是在建造此門時，由日蓮宗妙國寺（大阪府堺市）捐贈。

帝釋堂位於入二天門後的境內正面，由前方的拜殿和後方的內殿組成，也是歇山頂瓦葺，拜殿屋頂有唐破風和千鳥破風。內殿供養帝釋天板本尊和持國天、多聞天。

二天門、帝釋堂等未施色彩的素木建築，第一眼雖覺得淡無，但仔細觀察會看到細部精巧的裝飾雕刻，尤其帝釋堂外側的東、北、西三面有整面的浮雕裝飾雕刻。其中自護牆板的「《法華經》說話浮雕」十面，是將《法華經》中所說的代表性故事十則視覺化，從一九二二年到一九三四年，共花了近十二年，由十位雕刻師每人製作一面而成。為了保護雕刻，乃以玻璃包覆，又設參觀者專用通路，稱為「雕刻畫廊」（參觀雕刻畫廊和大客殿、庭園需付費）。堂前有一蒼翠欲滴，蜿蜒數十公尺、令人為之駐足讚歎的「瑞龍松」。面帝釋堂右方是祖師堂（本堂），和帝釋堂一樣是歇山頂，拜殿和內殿前後並建，而日蓮宗寺院的本堂，主供大曼荼羅。所以說本寺雖然通稱「柴又帝釋天」，但主供並非帝釋天，而是「大曼荼羅」（中央書寫「南無妙法蓮華經」，其周圍寫著諸佛、菩薩、天、神等名字）。

上圖：題經寺的二天門所供養的二天像（增長天和廣目天）是平安時代作品，由日蓮宗妙國寺捐贈。（秦就攝）

下圖：帝釋堂外側的東、北、西三面整面的「《法華經》說話浮雕」，由十面《法華經》中代表性故事組成，以玻璃包覆供信眾參觀，稱「雕刻畫廊」。（秦就攝）

此圖為題經寺帝釋堂的木鼻，活潑有生氣。木鼻是置於肘木頭貫等水平材的尾端，室町末期以來多雕飾動物。（秦就攝）

釋迦堂同時也是開山堂，建於江戶時代末期，是寺內最早的建築物，供奉相傳是奈良時代所作的釋迦如來立像，另有開山日榮、中興之祖日敬木像。

位於本堂後方的大客殿，一九二九年完成，是一座歇山頂瓦葺的長條形細長建築，也是東京都選定的歷史建造物，大客殿前的邃溪園則是一座池泉式庭園。

節分會、花祭傳統法會

柴又帝釋天每年所舉行的法會，多是日本常見的法會，例如節分會、花祭等。

日本稱立春、立夏、立秋、立冬的前一天為節分，演變至今則多指立春的前一天。自古東亞曆以立春為正月，並以朔日為元旦。因此「節分」日文也稱為「年越」（過年），古來都會舉行算流年運勢和除厄等的活動。現今每年二月三日的節分，包含題經寺在內，許多日本寺院都會舉行名為「節分追儺式」、「節分會」、「追儺會」等儀式、法會。

不少日本卡通會出現撒豆子，口中並念念有詞說著：「福進來，鬼出去。」的畫面，這就是日本民間在節分這天會做的事，其實拿著豆子丟是「豆打」、「豆撒」兩種習俗合流形成的，「豆打」意在追擊邪鬼，丟豆子是為了弄傷鬼的眼睛，所以是驅逐邪鬼的一種手段。現在的節分追儺式，多是在節分這天丟豆子，而扮鬼的人，則被追著跑。「豆撒」則只是撒豆而沒有驅逐的意思，是祈求作物豐收預祝儀式。

佛誕日在日本一般也稱「花祭」，通常會在花御堂安置誕生佛，並灌以甘茶，柴又帝釋天則以「釋尊降誕會・花祭」之名舉行盛大法會。當日參加的小孩在此寺門前排隊，住持會介紹說明此日的緣由及祝賀之意，接著並祈求參加者皆能得到健康智慧。

註釋

❶道教認為人身有三尸神，「每到庚申日，輒上詣天曹，言人罪過」，即每到庚申日，三尸神會向天帝陳説眾人罪惡，所以在這天必須整夜靜坐不眠以求避免，稱為守庚申，傳到日本，則稱為「庚申待」。

法明寺

孕婦虔求鬼子母

法明寺是日本發展出來的宗派日蓮宗的寺院，
在江戶時代即是東京都賞櫻名寺，
不過，有名之處卻是與主要寺域不相連屬的鬼子母神堂，
據說鬼子母神靈驗無比，
吸引許多孕婦和新手媽媽來此祈求生產順利。

址 東京都豐島區南池袋3-18-18
電 03-3971-4383
網 http://www.homyoji.or.jp/

法明寺本堂。（秦就攝）

法明寺位於東京都豐島區，是東京著名的寺院，不過此寺出名卻不是因為寺本身，而是屬於此寺的一個鬼子母神堂。該堂卻不和主要寺域相連，而在另一塊土地上，以致於常被誤以為是互不隸屬的兩處寺院。據說鬼子母神靈驗無比，因此吸引許多孕婦和新手媽媽來鬼子母神堂祈求生產順利、小孩平安成長。

鎌倉時代即馳名的舊寺

八一〇年，在現今法明寺的所在地，建立起一座寺院，名為威光寺，此寺在當時即頗為著名《吾妻鏡》（即《東鑑》，鎌倉時代的官方編年史）即有「武藏國威光寺」的記錄。

一三一二年，日本日蓮宗宗祖日蓮上人的弟子日源上人將此寺改為日蓮宗，寺號威光山法明寺，至今已傳燈五十代，約七百年的歷史。江戶時代從德川三代將軍家光開始，歷代將軍皆為此寺外護，可惜此寺在二十世紀初的關東大地震時本堂倒壞，二次大戰期間全山燒毀，戰後漸次重建，直到一九六八年鐘樓及三門重建完成，此寺大抵恢復舊觀。

法明寺既是日本發展出來宗派日蓮宗的寺院，也就和臺灣常見的寺院不甚相同，例如本堂主供「三寶尊」即是日蓮宗所特有的，日蓮上人將《法華經》的佛教世界以文字表現的「十界曼荼羅」的主要部分做為佛像而予以造形化，寶塔中央寫「南無妙法蓮

法明寺為眾樹環抱，綠意盎然。圖為法明寺三門。（秦就攝）

華經」，其左右配置釋迦如來、多寶如來二佛。題目寶塔和二佛，置於同一個須彌壇，這即是最基本的三寶尊，也就是一塔兩尊的配置方式。

又日蓮宗對於祖師日蓮上人極為尊崇，故寺中又有專祀日蓮上人的祖師堂（安國堂）。

法明寺在江戶時代即是賞櫻名寺，至今仍是東京都心一處難得可以享受片刻耳根與心靈寧靜的地方。

到法明寺，可從JR池袋站東口出，沿明治通往南約走五百公尺即可看到參道，但法明寺另有一鬼子母神堂，知名度卻遠高於其他堂宇，因神堂和主要寺域不

法明寺安國堂，是專祀日蓮上人的祖師堂。（秦就攝）

相連，法明寺和鬼子母堂乃各有參道，且可到法明寺的都電荒川線，也將站名取為「鬼子母神前」，而非法明寺。

鬼子母神與日蓮宗

關於鬼子母神（訶梨帝母），在多部佛經中都有記載，其事蹟大體如下：

鬼子母是羅剎鬼中最殘暴的，她生下許多小孩，經典所載數量有的甚至高達一萬，為了撫養小孩，她抓人類的小孩來吃，因此為人所懼恨。

佛陀為度化她，於是將她最疼愛的小兒子嬪伽羅藏在缽中，她上天下地遍尋不著，只好向最慈悲的佛陀求助。

佛陀告訴她：妳有那麼多的小孩，只失去一個就這麼悲傷，那麼只有一個小孩的父母如果失去愛兒，那痛苦更是如何巨大呀！

鬼子母神心有所感，於是請教佛陀怎麼做？

佛陀要她受持三皈五戒，盡形壽不再殺生，如果能做到，就把小兒子還她，鬼子母承諾照做，並皈依三寶，佛陀便依約將藏起來的小孩還她。

佛陀並要弟子施食不使飢餓，於是鬼子母成為佛教的護法神。

鬼子母神在日本隨著密宗的盛行，最早在上層貴族之間，為平安生產、幼兒息災而供訶梨帝母像，修訶梨帝母法。

鬼子母神不單是保護小孩的神明，該神在《妙法蓮華經》中誓言保護奉行《妙法蓮華經》及弘通該經者，故對在日本的天台宗、日蓮宗等法華宗派，鬼子母神還是重要的護法神，常會在寺中供奉此神，日蓮宗鬼子母神甚至成為祈禱的主尊位置。

鬼子母神像在日本的關東和關西在外形上有些許差異，關東多總髮合掌相，無小孩相伴，而關西則雖也總髮但生角，裂嘴，抱小孩（或以左手牽小孩。又，抱小孩戴寶冠的外形看似天女，但形相為鬼形），頗為特殊。

另外鬼子母神除抱小孩之外，右手

同時持吉祥果，在漢地吉祥果多以石榴表現，因為在翻譯佛典時，不明吉祥果到底為何物，於是以石榴代用，但兩者並非同一物。日本民間傳說為防鬼子母神食人子，於是佛陀請她吃有人肉味的石榴之說是日本獨創的通俗說法，並無根據。

神像傳說與神堂的特殊性

雜司谷鬼子母神堂的參道上有石雕仁王像，二像長寬尺寸相同，甚為稀有。

參道旁有一巨木，還立有說明牌說此樹名為公孫樹。公孫樹就是銀杏，公孫樹之名的由來據說是因銀杏生長緩慢，從種下到能結果，要兩代人的時間，要看到大量的結果，則要三代人，大約四十年的時間，阿公種樹孫子嘗，故稱公孫樹。銀杏是植物界活化石，是裸子植物銀杏門現存唯一物種，和它同門的其他物種都已滅絕，日本的銀杏據說是遣唐使在回國時帶去的。

銀杏是雌雄異株，鬼子母神堂的銀杏為雄株，樹齡達六百年以上，幹周八公尺，樹高三十餘公尺，並持續生長中，此株銀杏在東京都內，是僅次於麻布善福寺的銀杏巨樹，相傳是應永年間（一三九四～一四二八年），僧日宥所植，此樹又有子授銀杏之稱，從前甚至有婦人抱著此銀杏、圍上注連繩的記錄。

鬼子母神堂（重文）是一本殿（主

殿）和拜殿相連接的「權現造」複合建築（權現造本殿和拜殿之間的連接處高度較低）。本殿是一六六四年廣島藩主淺野光晟的正室捐建，拜殿則建於一七〇〇年，裝飾性豐富，創造出近世寺社建築華麗的禮拜空間，至

鬼子母神堂的公孫樹是東京都內第二大的銀杏。（秦就攝）

二〇一六年為止，是東京豐島區的第二個國指定重要文化財。從江戶時代至今，都是當地百姓祈求平安生產、小孩成長順利的地方。拜殿的額匾相當特別，「鬼」字刻意減筆，省去第一畫，以示尊敬。

神堂神像並非鬼形，而是著羽衣、帶瓔珞，手持吉祥果並抱一幼兒的菩薩形像。相傳此像是一五六一年在今日的文京區目白台挖出，該像清洗後便被獻給東陽坊（後來改稱大行院，其後和法明寺合併），該寺一僧因知其靈驗，密將神像帶回故鄉，卻立刻生病，當地人大為驚恐，認為是違反神像意願，乃將神像重新送回東陽坊，此後當地百姓對此神信仰愈盛，一五七八年，在現在的地方建立神堂。

神殿中還掛著多片繪馬，繪馬的由來原本是將活馬獻給寺社，所以繪馬的形狀才會做得像馬廄，上方為三角屋的屋頂，繪馬的木板原都畫馬，後來才衍生出各種吉祥物畫像。

鬼子母神堂有江戶時代獻上的繪馬二十多塊，加上明治時代以後所獻繪馬，共有五十片，其中有兩片已指定為東京都的重要文化財。

法明寺的例行法會以御會式最為著名，御會式原是日蓮上人的忌日法會，日本各宗派開祖、祖師的忌日各有不同名稱，曹洞宗開祖的忌日稱為高祖忌、永平忌，真言宗則稱御影供。法明寺在十月十三日舉行御會式，但鬼子母神的御會式則是在十月十六至十八日舉行，是當地人引頸期盼的大事。每年到此時，原本安靜的雜司谷街道，一變而熱鬧非凡，太鼓響徹雲霄，參道旁擺滿攤販。十八日遊行當天，隊伍在用提燈結成垂櫻模樣的萬燈前導下，從西武百貨店前出發，經明治通、目白通、鬼子母神堂，直到祀日蓮聖人的法明寺祖師堂（安國堂）才結束，是當地秋天的風物詩。

上圖：鬼子母神堂的額匾相當特別，「鬼」字刻意減筆，省去第一畫，以示對鬼子母神的尊敬。（秦就攝）

下圖：鬼子母神堂拜殿裝飾性豐富，創造出近世寺社建築華麗的禮拜空間。圖中橫向樑為向拜的虹樑。（秦就攝）

關東×鎌倉篇

高德院

建長寺

圓覺寺與東慶寺

壽福寺

淨智寺

淨妙寺

高德院

綠樹環抱美男佛

鎌倉大佛是日本重要地標之一，
然而大佛的建造過程與所屬的高德院開山因緣至今仍是謎團，
不過，隨著諾貝爾文學獎得主吉卜林的造訪和諸多文學作品的帶動，
大佛容顏上那一抹「東洋的微笑」，以及「美男」的歌讚，
早已深植世人心中。

址 神奈川縣鎌倉市長谷 4-2-28
電 0467-22-0703
網 http://www.kotoku-in.jp/

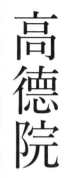

鎌倉大佛全球聞名，據説臺灣彰化大佛的造型也受此像影響。（秦就攝）

提到日本的銅造大佛，最先聯想到的大概是奈良大佛和鎌倉大佛；奈良大佛位於世界最大的木造佛殿中，鎌倉大佛則因佛殿毀壞而得以直接面對世人。每天都有來自世界各地的信眾、遊客在鎌倉大佛前留影，所以大佛的名氣與奈良大佛不相上下。

謎樣的寺院

鎌倉大佛可說是鎌倉的地標。鎌倉大佛在全球的名氣很大，例如一八九二年，英國第一位獲得諾貝爾文學獎，同時也是至今最年輕的文學獎得獎人吉卜林（Joseph Rudyard Kipling，一八六五～一九三六年）帶著新婚妻子環球旅行，抵日後便由橫濱來到鎌倉參訪大佛。

在吉卜林訪日前不久，發生了一段插曲，有位美國傳教士竟爬到鎌倉大佛的膝上，唱起〈哈利路亞〉，並對日本僧侶說他是在讚美真正的神，日本人應該破除偶像崇拜，徹底破壞大佛。該事件後大佛旁便豎起英、日文立牌，希望訪客對大佛表現敬意。

吉卜林到此後，便以立牌與大佛為題材寫下一首詩，據說連不曾來過日本的許多英國人也喜愛這首詩。後來在他暢銷世界的冒險小說《基姆》（*Kim*）的首章前言中，又再次提及鎌倉大佛（The Buddha at Kamakura），使大佛在全世界知名度大增。

鎌倉大佛屬於高德院，也許連很多

日本人都沒聽過此寺，但大佛的名號可就無人不知曉了。該寺位於神奈川縣鎌倉市長谷，山號大異山，全名大異山高德院清淨泉寺，屬淨土宗，卻並非建寺之初即屬該宗。

高德院初屬真言宗，由極樂寺開山忍性（一二一七～一三〇三年）等密教僧侶任住持，後來改為臨濟宗建長寺的末寺，江戶時代增上寺祐天上人（一六三七～一七一八年）重興本寺，便改屬淨土宗，名為「清淨泉寺高德院」，是一專修念佛寺院，成為當時淨土宗關東十八檀林（僧侶教育所）最著名的光明寺之「奧院」❶。

鎌倉大佛雖以「露坐大佛」而享盛名，但據《太平記》記載，一三三五年的大風使佛殿倒壞，《鎌倉大日記》則記載一三六九年大佛殿傾倒，又說大佛殿從室町時代以來曾遇地震、海嘯而傾塌，從這些記載可知原本大佛是供養在佛殿之中。

根據二〇〇〇至二〇〇一年的境內挖掘調查，已證明佛殿確實曾經存在，且調查未發現一三六九年倒壞後有重建的跡象；推測大佛殿高約四十公尺，深約四十二點五公尺，寬約四十四公尺。佛殿原有六十根大柱，柱子的礎石至今尚保留五十六座，不足的部分應是被轉用做為庭石等用途。二〇〇四年，以「鎌倉大佛殿跡」之名被指定為日本國史蹟。

境內尚有觀月堂，是十五世紀中葉漢陽（今首爾）朝鮮王宮內的建築。一九二四年，由這棟建築擁有者「山一合資會社」（後來的「山一證券」）社長捐贈移建至此，內部供養相傳是江戶幕府二代將軍德川秀忠（一五七九～一六三二年）所持的聖觀音像，所以本寺也是鎌倉觀音靈場第二十三札所。

謎樣的大佛

高德院的開基（創立者）和開山（初代住持）至今仍是謎團，而本尊大佛（國寶）根據《吾妻鏡》的記載為一二三八年，深澤（今大佛的所在地）有僧淨光勸募興建大佛堂；同時代的《東關紀行》中也記

大佛原供養於大佛殿中，原有六十根大柱，至今尚保留大柱的礎石五十六座。（秦就攝）

載，一二四二年參訪此地時，木造大佛和大佛殿已完成三分之二。可知一二四三年，舉行開光供養法會的大佛是木造大佛。

《吾妻鏡》又記載一二五二年時，開始在深澤建造金銅八丈的釋迦如來像（應是阿彌陀如來的誤記），即現存的鎌倉大佛。

但為何要先造木造大佛？木造大佛和後來的銅造大佛又有何關係？

對於這兩個問題，則有木造大佛是銅造大佛的原型，以及木造大佛因故失去而重鑄銅造大佛等兩種說法。

根據《吾妻鏡》，勸募建造大佛的人是淨光法師，但他的事蹟除此之外幾乎不存，而以當時的社會條件要建造如此大佛，單憑一人之力勢必難以完成，所以一般推測鎌倉幕府也曾出力，但幕府和法師間的關係，以及建造的目的仍是歷史公案。

大佛建造的財源，據鎌倉末期幕府的當權者北條貞顯（一二七八～一三三三年）給時任六波羅探題❷的兒子北條貞將（一三〇三～一三三三年）的書狀中，寫道為確保關東大佛營造費用，預定派遣唐船渡宋（寺社造營料唐船），但後來唐船獲利多寡，以及用來做為大佛建造費用都不明確。

具有宋風佛像特色

鎌倉大佛又名長谷大佛，創建至今已超過七百五十年，和做過甚多補修的奈良大佛相比，鎌倉大佛則完整保有建造完成時的外觀，是日本佛教藝術史上的瑰寶。

鎌倉大佛像高約十一點三一公尺，含台座則高十三點三五公尺（奈良大佛高十八點零三公尺）。原本不知像重，一九五九至一九六一年進行耐震補強工程時，曾以二十三台千斤頂將大佛抬高，再將秤置於其下，由兩次測量的平均值得知重量約一百二十一噸（奈良大佛重二百五十噸）。另外，佛像和台座間也在此時墊進不鏽鋼板。

大佛像中空，外觀有點駝背，頭部較其他部位比例大，是流行於鎌倉時期的南宋佛像風格。佛像背後有四枚青銅蓮瓣，原是江戶中期企圖製作蓮台而鑄造。（秦就攝）

造像者不明，但一般認為受到「慶派」（即運慶一派的佛師）與南宋佛師雙方的影響，因方臉且五官不深、低肉髻、有點駝背，頭部較其他部位比例大等，都是流行於鎌倉時期的宋風佛像特色。

銅錢鑄成的大佛

鎌倉大佛的材質雖通稱是銅造，但嚴格說起來應稱為青銅（銅、錫、鉛等的合金）造。

一九五九至一九六一年在對大佛進行耐震補強工程時，採得頭部內面做為試料，調查其材質得知此像的金屬成分中銅較一般少，而鉛的含量較一般多。因為鉛比率高，所以金箔不易附著，但此像建造完成之初還是有貼金的，因為右頰確定留有金箔的痕跡。

雖然構成金屬因採樣部位的不同而有差異，但其平均含銅量為百分之六十八點七、鉛占百分之十九點六、錫占百分之九點三，這樣的比例恰巧和當時輸入的宋錢的鑄造比例相當，故推測材質極可能是由宋錢熔鑄而成。

宋錢的輸入應從平安末期說起，一一五八年許多宋國船隻到日本貿易，平清盛（一一一八～一一八一年）於是在博多開築日本最早的人工港，接著為了掌握瀨戶內海航路，他要求所有宋船都到嚴島參訪。

當時宋船常到今天的兵庫縣一帶，一一七三年，平清盛更擴大福原的外港大輪田泊（現在神戶港的一部分），並和宋國建交，這些措施的主要為促進宋、日貿易。一一七九年，入港的宋船中竟發現宋代最具代表性的百科全書《太平御覽》摺本（印刷本），平清盛立刻買下，令人抄寫保留後，將摺本獻給女婿高倉天皇。

當時末法思想流行，幣值一文錢的宋錢常被用來做為佛具的鑄料，故日本國內有宋錢的需求。平清盛看到這種需求，乃鼓勵貿易，從而使宋錢大量流入日本，平氏政權有了這財政後盾，故能建立穩固的政權。

但當時日本的朝廷財政是以絹為基準來課稅賦，宋錢流通後，具有貨幣功能的絹價值變低，對朝廷財政造成重大影響。此外，宋錢的流通也使莊園領主、地方武士等階級蒙受經濟損失，於是反對宋錢流通的後白河法皇（一一二七～一一九二年），授意大臣發表「宋錢非日本朝廷所發行，故非貨幣，和私鑄錢（贋金）相同」的主張，平清盛乃將法皇幽禁。

平氏政權滅亡，日本進入鎌倉時代後，宋錢的流通更加快速，也使絹的價格益加低靡。朝廷和幕府內部對用絹或宋錢課賦產生論戰，因宋錢比絹便利，幕府正式承認宋錢的使用，在日本的使用更是通行無阻，宋、日兩國雖沒正式邦交，但幕府認可民間貿易，甚至有直營的御分唐船對宋貿易。而對宋貿易，很重要的目的是在換取宋錢，所以大佛也極有可能是以大量輸入的宋錢所鑄造。

其間有不少宋僧乘貿易船赴日，使武士階層有更多人信仰禪宗，執權北條家也予以保護，這些都對鎌倉佛教產生深遠影響。

鎌倉啊！雖已成佛，釋迦牟尼

為何又以美男的姿態現身在夏日

林中呢？

這是高德院中所立著名歌人與謝野晶子（一八七八～一九四二年）的歌碑，雖然釋迦牟尼應改為阿彌陀佛，但這不影響鎌倉大佛在世人心中是多麼吸引人的事實。

高德院內一隅。（吳宜菁攝）

鎌倉大佛介紹

✤大佛細部特色：

髮	螺髮高十八公分、直徑二十四公分，數量達六五六個。
臉	長二點三五公尺，創建時大佛表面應貼有金箔。
白毫	白毫是佛「三十二相」（三十二個身體的特徵）之一，眉間有右旋白毫，可由此發出照耀世人的光芒，直徑十八公分。
眼	紺青色佛眼「三十二相」之一，眼長一公尺。
耳	長一點九公尺，耳垂及肩。
鼻	鼻高直不見鼻孔，是「八十種好」（八十個微細的特徵）之一，鼻孔得從佛像的正下方仰視方可見到。
口	寬八十二公分，輕閉的雙唇與輕微上揚的嘴角，給人充滿慈悲的印象，小泉八雲❸讚為「東洋的微笑」。
手	淨土宗的阿彌陀像多結來迎印（右手上，左手下），但本像則結拇指、食指指尖屈合的「上品上生印」，這是阿彌陀佛印相中最高的，指間也刻畫了三十二相之一的縵網相。
胎內	一般參訪者可進入胎內，一次最多三十人。從內部看脖子較細處顏色有異，這是在做補強工程時所注入的玻璃纖維強化塑膠（FRP）。從胎內最能感受佛像在接合方面的高超

上圖：淨土宗的阿彌陀像多結來迎印，但本像則結上品上生印，指間也刻畫了三十二相之一的縵網相。（秦就攝）

下圖：大佛胎內參拜入口。（吳宜菁攝）

技法，由內壁可知造大佛時，是另外鑄造頭部和手部，在從下往上鑄造佛身的工程中，先將手部接合，到了鑄造到肩膀附近時，再接合頭部，故不是一體澆鑄的❹，這些分開鑄成的銅板接合方式可分為三種。

佛像的背後有青銅蓮瓣四枚，是江戶中期企圖製作蓮台而鑄造，原預定製作三十二枚，但最後僅完成四片，表面刻著捐贈者姓名。

蓮瓣

✤大佛鑄造原料：

七〇八年，武藏國秩父郡（埼玉縣秩父市）獻銅給大和朝廷，朝廷喜出望外，終於有銅源，於是改元「和銅」，並鑄銀錢、銅錢即稱「和同開珎」，但隨著律令制的破壞，日本又恢復以物易物。直到宋錢（中國宋朝）大量輸入才改變。

宋錢大量輸入日本的一個重要原因，是當時到日宋國貿易的日本船是平底船，為使船的重心變低，船隻航行因而更加安全，宋人使用大量的銅錢來壓艙。但宋錢到了日本無用，於是商人又教導日本人使用錢幣的便利性。據說鎌倉大佛所用的青銅，便是由宋錢鎔鑄而成，也算是用錢堆出來的大佛。

壓艙在無動力帆船時代很重要，萬華龍山寺的地面鋪石，原即是先人用壓艙石鋪成。

註釋

❶日本寺院或神社最深處，和該寺社關係深遠的祕佛或供奉開山祖師的場所、堂舍，被寺院視為最神聖的區域。

❷鎌倉幕府將軍於京都六波羅蜜寺南北所設立掌管京都政務的機關，同時負責監察朝廷公家。因鎌倉位於關東，而京都在關西，六波羅探題相當於鎌倉幕府在西日本的代表。原稱六波羅，鎌倉末期才加上日本佛教式的「探題」雅號。

❸小泉八雲（一八五〇～一九〇四年）是日本小說家，出生於希臘，本名派屈克．拉夫卡迪奧．赫恩（Patrick Lafcadio Hearn），一八九六年歸化日本，改名為小泉八雲。

❹和奈良大佛製作不一樣，可參考法鼓文化出版的《禪味奈良》或馬可孛羅出版的《奈良大佛——世界最大的鑄造佛》。

鎌倉五山第一：建長寺

地獄谷傳臨濟禪

禪宗雖然隨著唐僧傳入東瀛，卻一直沒有獨立的禪宗寺院，直到南宋禪僧蘭溪道隆赴日，在鎌倉創立了建長寺，成為日本第一座禪宗專門道場，建長寺在日本佛教、文化史上地位不凡，因此被列入日本國指定史蹟，還擁有國寶梵鐘、蘭溪道隆頂相。

址 神奈川縣鎌倉市山ノ內8
電 0467-22-0981
網 http://www.kenchoji.com/

建長寺為鎌倉第一座禪宗道場，佛殿堂前的老柏樹相傳是開山蘭溪道隆手植。（秦就攝）

非純粹禪宗道場，建長寺的建立使鎌倉終於有了第一座禪宗專門道場。

一二五五年，時賴發願號召千人募鑄巨鐘，道隆後來自作鐘銘，寫下「雲收霏開，樓觀百尺，嵐敷翠掃，勢壓諸方」的豪語，並署名「建長禪寺住持宋沙門道隆」，這是日本稱禪寺之始。

道隆在幕府護持下，依漢地叢林清規大力弘揚禪宗，連沐浴、洗臉等生活細節都有嚴格規定，這些規範都見於禪師墨蹟《法語規則》（國寶，紙本，縱八十五點五公分、橫四十一點四公分），法語主旨在勉勵寺內僧侶應專心修行，而規則是修行僧日常生活的詳細規定。

道隆禪師在鎌倉十三年，一二六二年移京都建仁寺，其後又回鎌倉，因比叡山僧徒的反對，兩次被流配甲斐（今山梨縣）。一二七八年再住建長寺，不久示寂，年六十六，贈號「大覺禪師」，是日本最初的禪師號。

一三八六年（至德三年）足利幕府第三代將軍義滿（一三五八～一四〇八年），最終訂定京都、鎌倉的五山制度，五山是禪宗臨濟宗最高寺格的代表性寺院；鎌倉五山第一位即建長寺，其他依次為圓覺寺、壽福寺、淨智寺、淨妙寺。

在道隆及其後的歷代祖師的努力下，建長寺在最興盛時，包含四十九處伽藍、塔頭，僧侶更高達千人，且除了蘭溪道隆，還有許多高僧相繼渡日，使建長寺有著濃濃國際化色彩。

建長寺總門懸掛的「巨福山」額，相傳是出於一山一寧之手，後方三門上有「建長興國禪寺」額，相傳出於後深草天皇之筆。（許翠谷攝）

宋代禪林的配置

建長寺主要伽藍仿自中國宋代五山的徑山萬壽寺而建，總門、三門、佛殿、法堂等主要伽藍都排列在一直線，而左右有庫院、僧堂、浴室、西淨等對稱配置。三門和佛殿氣度恢宏，並擁有關東地區最大的法堂、方丈。

不過，現今伽藍已非建寺時的模樣，因一二九三年曾發生鎌倉大地震，建築多半倒塌燒毀，在由元赴日的漢僧一山一寧（一二四七～一三一七年）任第十代住持時重建。但一三一五年、一四一六年均發生火災，使得創建時的建築全毀，鎌倉末期為獲得修復費用，經幕府同意，曾派遣「寺社造營料唐船」赴元進行貿易，通稱「建長寺船」。江戶時代在德川家的援助下，新建伽藍或將他地建築移建到此，而恢復為壯觀的禪宗道場。

現在的總門是一九四三年由京都般舟三昧院移建而來；般舟三昧院是後土御門天皇所建，故和皇室有關，總門懸掛的「巨福山」額相傳是出於一山一寧之手。

三門（重文）是銅板葺的雙層門，一七七五年重建，是真正的禪宗樣的雙層三門，「建長興國禪寺」額，相傳是出於後深草天皇（一二四三～一三〇四年）之筆。第一層不置仁王像，也無連門扉、板壁。上層則供養寶冠釋迦如來像和銅造五百羅漢像等

（不公開）。三門前的櫻花在春天盛開時，常讓遊客駐足流連。

佛殿（重文）是廡殿（五脊殿）頂單層建築，原是東京增上寺德川秀忠夫人崇源院的靈屋（祠堂），一六四七年移建至建長寺。因為原本為靈廟建築，所以屋頂和天花板等的形式和一般禪宗佛殿不同，禪宗佛

建長寺是禪宗道場卻供奉地藏菩薩，乃因建寺之地「地獄谷」是刑場，原建有心平寺，建長寺仍以該寺本尊為本尊。（許翠谷攝）

建長寺庭園為指定史蹟，原是開山住持蘭溪道隆所造，後為紀念建長寺創建七百五十年，而將庭園於二〇〇三年完成修改，圖正前方建築為得月樓。（許翠谷攝）

殿的天花板多是描繪雲龍的「鏡天井」，而這佛殿的天花板卻是一格格的「格天井」。

本尊為地藏菩薩坐像（室町時代作品，高二點四公尺），一般禪剎的本尊多為毘盧遮那佛或釋迦牟尼佛，而此寺以地藏菩薩為本尊是因伽藍座落的山谷，原稱「地獄谷」，是一刑場，建有心平寺，建長寺仍以該寺本尊為本尊。堂前有七棵老柏樹相傳是開山蘭溪道隆手植，故樹齡約有七百五十年了。

一八一四年所建的法堂（重文），相當於他宗寺院的「講堂」，方三間、附裳階（裝飾簷）、銅板葺，是鎌倉最大的木造建築之一。內部供養千手觀音坐像，天花板有雲龍圖。另外，堂內還有一座拉合爾中央博物館（Lahore Central Museum）藏的釋迦苦行像複製品，於二〇〇五年愛知萬國博覽會所陳列，在博覽會結束後由巴基斯坦贈與該寺。

方丈入口唐門（重文），和佛殿同是德川秀忠夫人崇源院靈屋移建而來。方丈也稱龍王殿，則和總門一樣是從般舟三昧院移建而來，庭園相傳原是蘭溪道隆禪師作庭，二〇〇三年為紀念建寺七百五十周年而重作。

國寶梵鐘和頂相

鐘樓位於三門右邊，懸銅造梵鐘（國寶，總高二〇八點八公分，口徑一二四點三公分）是建長寺創建時期

建長寺梵鐘銘文，由蘭溪道隆禪師撰寫執筆，文字為陽鑄，銘文中有「建長禪寺」是日本第一次使用禪寺之名。（許翠谷攝）

少數遺留至今的貴重文物。一二五五年，由鑄造師物部重光製作，上帶有流麗的飛雲文，下帶有優雅的唐草花紋，銘文文字之美是當代梵鐘中首屈一指的，由蘭溪道隆禪師撰寫並執筆，文字為陽鑄（字形立體浮出），銘文中的「建長禪寺」是日本第一次使用「禪寺」之名。撞座位置較高，整體呈現復古風格。

建長寺中三幅蘭溪

道隆頂相是最負盛名的寺寶，其中又以一二七一年寫有〈自贊〉的畫像最著名，這一絹本淡彩蘭溪道隆像，鮮明地描繪出禪師個性，而畫面上部的贊是蘭溪道隆遺墨，和寺中多數書畫、工藝品一樣，寄放鎌倉國寶館展示。

建長寺有一特別的法會，傳說蘭溪道隆在世時，一次在建長寺三門下行施餓鬼會，結束後，突然有一位武士跑來，看到施餓鬼會已經結束，不禁流露出失望的眼神，道隆看到這情形，特別為該武士重新舉行施餓鬼會，武士自稱是梶原景時之靈，然後歡喜離去。此後，建長寺在每年七月十五日的施餓鬼會後，還會行一次「梶原施餓鬼會」。

建長寺主要的塔頭寺院方面，較著名的有西來庵，是守護蘭溪道隆墓塔的塔頭寺院，有祀蘭溪道隆肖像雕刻的昭堂（重文）等建築，昭堂方五間、單層、廡殿頂、茅葺屋頂，一般若達方五間建築多有裝飾性屋簷「裳階」，昭堂算是少見特例。

建長寺在一八八六年設立的修行僧學校宗學林，即現在鎌倉學園前身，但沒有明顯的宗教色彩，而成為國、高中一貫的男校。

建長寺中的建築雖然多是後代重建，但仍有多棟列為重要文化財，加上它五山第一位的輝煌歷史，是值得到鎌倉時前往參訪的寺院。

鎌倉五山第二：圓覺寺與東慶寺

神風吹來臨濟禪

因元日大戰的死難者而建的圓覺寺，
尊北條時宗為開基，以無學祖元禪師為開山。
是臨濟宗圓覺寺派大本山，也是日本知名的禪宗寺院，
將Zen帶到西方的鈴木大拙，曾受教於此寺的洪川禪師與釋宗演。
東慶寺是臨濟宗圓覺寺派的寺院，開山為覺山志道尼，
住持幾乎都系出名門，代代均為尼寺，居鎌倉尼五山的第二位，
東慶寺也是「緣切寺」，可讓欲離婚的婦女達成心願。

圓覺寺

址 神奈川縣鎌倉市山ノ內409

電 0467-22-0478

網 http://www.engakuji.or.jp/

東慶寺

址 神奈川縣鎌倉市山ノ內1367

電 0467-33-5100

網 http://www.tokeiji.com/

圓覺寺三門宏偉，筆者到寺參訪時，見一位老僧拄杖拾階而上，散發著濃濃禪意。（秦就攝）

元朝開國皇帝忽必烈（一二一五～一二九四年）決定出兵日本，東瀛舉國震動，當時實際掌權的鎌倉幕府執權北條時宗（一二五一～一二八四年）不畏席捲歐亞的蒙古帝國，決定奮起抵抗，讓他堅定意志勇往直前的關鍵人物，即是渡日宋僧無學祖元（一二二六～一二八六年）。元、日大戰之後，為雙方死者祈冥福而興建的寺院，便是以祖元禪師為開山的圓覺寺。

Zen，因鈴木大拙的介紹而為西方人熟知，而鈴木兩位最重要的老師，也都是出自圓覺寺的禪師。

祈禱冥福圓覺寺

搭ＪＲ在北鎌倉站下車後，過葫蘆形的白鷺池石橋，步上兩旁盡是蔽空老杉的石階，穿過掛著瑞鹿山額匾的總門，空氣中瀰漫著一股超過七百年歷史的禪林氣息。圓覺寺是歷史悠久的禪寺，成立於事關日本存亡的大戰之後。

一二六八年，蒙古帝國如秋風掃落葉席捲歐、亞大陸，接下來將目標集中於孤懸海外的日本，蒙古皇帝多次遣使赴日，鎌倉幕府執權北條時宗卻對來使要求遲未回覆。他判斷元寇可能因此入侵，乃下令西國（今大阪以西的本州範圍）、九州的御家人（家臣）備戰。

一二七四年，三萬以上的軍隊從高麗渡海，在北九州沿海登陸，日方頑抗，蒙古軍鎩羽而歸。此後，忽必烈又數次遣使日本，均未獲滿意答覆。一二八一年，也就是初次征日七年後，忽必烈再次出兵日本，這次高達十萬餘人。元軍以為日本手到擒來，甚至攜帶大量農具和生活用品，為定居日本做準備。沒料到，交戰後不久海上颳起暴風，元軍幾乎全軍覆沒，日人認為這是佛菩薩護佑，乃稱之為「神風」。

戰後，為了替戰歿者祈冥福，北條時宗決心建圓覺寺，供養戰死的日本人、蒙古人、漢人、高麗人，體現佛教的平等觀。

圓覺寺全名瑞鹿山圓覺興聖禪寺，寺號「圓覺」，據說是因北條時宗和宋僧蘭溪道隆在尋找建寺地點時，從此挖出石櫃，內為《圓覺經》。山號「瑞鹿山」，根據《元亨釋書》的說法，則是圓覺寺開堂時，曾出現大群白鹿來聽聞佛法。

圓覺寺是臨濟宗圓覺寺派大本山，名列鎌倉五山第二位，也是鎌倉觀音靈場第三十三所、鎌倉地藏靈場第十四所。本尊是寶冠釋迦如來，尊北條時宗為開基，以無學祖元禪師為開山。不同於北條時宗之父北條時賴創建的建長寺，建長寺具有濃厚的官寺性質，而圓覺寺較像是北條氏的私寺。

宋僧東渡老婆禪

一二七八年，建長寺初代住持蘭溪

圓覺寺佛殿，本尊是寶冠釋迦如來的先驅作例，也是鎌倉這類佛像中最大的。（秦就攝）

道隆禪師圓寂，北條時宗決定請蘭溪道隆弟子前往中國寧波覓聘高僧，他們到名剎天童寺邀請住持環溪惟一禪師（一二〇二～一二八一年）赴日，但他以高齡為由，推薦首座無學祖元禪師前往。

無學祖元禪師字子元，號無學，幼時聞僧吟「竹影掃階塵不動，月穿潭底水無痕」，便默契於懷。出家後，曾往宋五山的淨慈寺、靈隱寺、阿育王寺，以及成都大慈寺等寺參禪。一二七九年，他決心離開戰亂不斷的南宋，渡海赴日弘揚禪法；由博多經京都到鎌倉任建長寺住持，時宗執弟子之禮，同時諮詢中國政情。

蒙古來襲，時宗眼看情勢日危，乃血書《金剛經》、《圓覺經》獻於禪師，乞求說法，禪師感動地告訴他：「驀直去！」（此句後來演變成日本成語「驀直前進」），並書「莫煩惱」三字贈之。

因無學祖元禪師指導參禪者的態度懇切，故人稱「老婆禪」，許多鎌倉武士在他座下參禪。「生亦時也，死亦時也，亦如春而夏也，夏而秋也，秋而冬也」❶，可謂禪宗對生死的看法，北條時宗與鎌倉武士於元軍來襲時能泰然處之，視死如歸，據說和這種生死觀有關。

蒙古敗後，北條時宗積勞成疾，結束三十餘年短暫的一生，往生後葬於圓覺寺內。不久，無學追時宗之後示寂，謚佛光國師、圓滿常照國師。

伽藍梵鐘妙香池

傳說無學祖元入鎌倉時，鶴岡八幡宮的神使化身白鷺為他引導，也是圓覺寺前水池白鷺池之名的由來。明治時代為了讓到橫須賀軍港的鐵路通過，才形成今日水池和總門相隔的情況。

圓覺寺伽藍雖歷經天災戰火，在江戶時代得以復興。總門、三門、佛殿、法堂（已毀）、方丈呈一直線，線右側有浴室、東司跡，左側有禪堂（選佛場）等，繼承禪林伽藍配置。

佛殿與寶冠釋迦如來

一九六四年重建的木造佛殿，本尊為鎌倉時代的木造寶冠釋迦如來，高二六〇公分，頭戴寶冠，禪定坐姿。釋迦如來像通常現螺髮、無裝身具，然而此像則結髮，且有寶冠、瓔珞等，是以菩薩之姿示現，也稱華嚴釋迦。

自從傳入寶冠釋迦如來，鎌倉禪剎便流行供養，而圓覺寺佛殿的本尊不但是其先驅作例，且是當中最大的。可惜一五六三年佛殿燒毀，僅臉部救出，身體其他部位則是後世補作。因受宋代雕刻的影響，此像風格華麗，卻表情嚴肅。

選佛場

建於一六九九年，是茅葺屋頂的禪坐道場，供養藥師如來立像（南北朝），佛殿重建前曾兼佛殿。

方丈

原是住持所住處，現多用來舉行

各種活動，前庭的老柏樹據說是無學祖元禪師手植，由於已是老樹，筆者參訪時正在進行「蘇生治療」（樹木再生）。

辯天堂

位於面向三門右方，穿過鳥居，登上長長石階即可達。其旁鐘樓的銅造洪鐘（梵鐘，國寶），高二五九點四公分、口徑一四二公分，是北條時宗之子貞時（一二七二～一三一一年）於一三〇一年所贈；為鎌倉時代最具代表性的梵鐘，此鐘至今仍是鎌倉最大梵鐘，與常樂寺、建長寺鐘合稱鎌倉三名鐘。據說鑄造時一波三折，後因江之島辯財天的加護才得以成功，故於鐘樓前

圓覺寺選佛場是茅葺屋頂的禪坐道場，佛殿重建前曾兼為佛殿。（秦就攝）

圓覺寺庭園是日本國定史蹟、名勝。二〇〇〇年以池岸露出岩盤虎頭岩為景觀中心，和方丈庭園一起重建的妙香池深具禪意，立於池畔令人心曠神怡。（秦就攝）

建辯天堂。

妙香池

圓覺寺庭園、寺境是日本國定史蹟，而且庭園是國指定名勝；由一三三五年的圓覺寺境內繪圖可知當時有一放生池。二〇〇〇年，以池岸露出的岩盤虎頭岩為中心，和方丈庭園一起重建，名為妙香池。相傳此池為夢窗疎石國師（一二七五～一三五一年，圓覺寺十五代住持）所造，鎌倉代表作家之一大佛次郎（一八九七～一九七三年）的《歸鄉》曾對此池有所描寫。遊客如能佇立此深具禪味的池畔一會兒，定會有心曠神怡之感。

寺內有寺多塔頭

圓覺寺山內有十八塔頭❷，形成寺內有寺，卻渾然一體的情景，在此介紹其中部分塔頭。

正續院

是祀開山無學祖元的塔頭，開山塔中有木造無學祖元坐像（重文，像高六十二點八公分）坐於曲彔椅上，是風格寫實的頂相雕刻傑作，但開山塔位在舍利殿後，一般人無法看到。

正續院中的古蹟建築最重要的當屬舍利殿（昭堂），它是神奈川縣唯一的國寶建築。此殿是從鎌倉尼五山的太平寺佛殿移建而來，歇山頂、柿葺。所謂柿葺是屋頂以薄木板葺成的工法，使用耐水性強的日本花柏（柏科扁柏屬，和紅檜為近緣種），日本以前常用此木頭做浴桶、鍋蓋。

因有裳階，舍利殿外觀看似兩層，實為一層。外部木柱和基盤間置礎石，鎌倉濕氣重，此設計可防柱底腐壞。鎌倉後期傳入花頭窗，後來日本許多寺院的禪堂均予採用，但此舍利殿的花頭窗上部固是火焰形，但左右兩側窗框卻是直線形，和後世兩側多向外曲相較，更加顯得簡素。堂內供養源實朝（一一九二～一二一九年）自南宋能仁寺請來的佛舍利。

舍利殿的附近有白鹿洞，即傳說中

圓覺寺落成開堂之日，躍出大群白鹿來聽聞無學祖元說法的地方。

佛日庵

佛日庵內的開基廟為北條時宗廟所，茅葺的廟所外常飄散著梅花香氣。時宗生前曾在此結庵參禪，開基廟中所祀時宗像為出家像，時宗知壽命將盡，乃請無學祖元為他剃髮、授法名，時宗被授法名道杲後，於當天往生。廟中常有時宗夫人覺山志道尼（一二五二～一三〇六年，建東慶寺）、時宗之子貞時，以及孫高時（一三〇三～一三三三年）等人木

佛日庵開基廟為北條時宗廟所，時宗被尊為圓覺寺開基者。（秦就攝）

像。

佛日庵本堂的地藏菩薩坐像，屬延命地藏尊（市文，鎌倉十四地藏靈場）。茶室煙足軒曾出現在諾貝爾文學獎得主川端康成的《千羽鶴》中，也是喝抹茶歇腿的好地方。

正傳庵

在家信眾道場最早有洪川禪師（一八一六～一八九二年）所創的正傳庵，今日居士林著名的居士禪坐道場建築，則從東京新宿的柳生流劍道場移建而來。

黃梅院

是圓覺寺境內最裡處的塔頭，有夢窗疎石的塔所。

歸源院

位於面三門向的右側，夏目漱石（一八六七～一九一六年）和島崎藤村（一八七二～一九四三年）參禪的地方，夏目漱石《門》中所寫的「一窗庵」即是以此處為模本，境內有漱石句碑。

松嶺院

位於面三門的左側，是觀賞牡丹的知名地點，白樺派❸代表作家有島武郎（一八七八～一九二三年）常在此逗留，並寫成《一個女人》（《或る女》），另一知名作家開高健（一九三〇～一九八九年）的墓地也在此。

筆者初到圓覺寺參訪時，看到松嶺院門口立有「山門不幸」木牌，大惑不解，後來才知這是日本寺院住持圓寂時的用語。

圓覺寺居士林，常舉辦各種坐禪會，吸引各地居士參加，就打坐參禪而言，圓覺寺是世界知名的寺院。（秦就攝）

文人參禪居士林

北條一族是鎌倉禪宗最重要的外護，走在北鎌倉的山之內，可見到臨濟宗建長寺、圓覺寺、淨智寺等鎌倉五山古剎，皆北條氏將領地陸續捐出所建。

因此鎌倉時代結束，這些寺院也一度沉寂。一八七五年圓覺寺管長今北洪川開居士林，和其後繼者釋宗演（一八五九～一九一九年），兩位住持先後推廣一般參禪，使圓覺寺成為關東最著名的打坐道場之一。

著有《禪與日本文化》的鈴木大拙即在這兩位「老師」❹的指導下，成為國際知名禪學學者。許多日本文壇赫赫有的作家夏目漱石、島崎藤村等人都曾到此參禪，將此寺寫入作品之中的作家更是不勝枚舉。至今，各種坐禪會仍吸引各地居士參加，可以說就打坐參禪而言，圓覺寺是世界知名的寺院。

助夫妻緣切的東慶寺

鎌倉除了五山五寺外，還有一座特別的寺院「東慶寺」。東慶寺是臨濟宗圓覺寺派的寺院，山號松岡山，全名東慶總持禪寺，開基為北條貞時、開山為北條時宗之妻、北條貞時之母覺山志道尼，代代均為尼寺，居鎌倉尼五山的第二位。原本男性不准進入此寺，直到一九〇三年以後，才由男性任住持而改變此一慣例。

覺山志道尼在丈夫過世之後的第二年（一二八五年），開創此寺，加上第五世住持是後醍醐天皇皇女、第二十世住持是豐臣秀賴的女兒，因住持常出身名門，所以此寺也被稱為松岡御所。

在江戶時代，東慶寺和群馬縣的滿德寺是被婚姻所苦女性的躲避場所，已婚婦女進入這兩寺院可達成離婚的目的，所以日本人稱之為「緣切寺」，據說這是開山志道尼所發的願。

江戶時代離婚請求權在夫方，妻方無權訴請離婚，東慶寺為關東一帶受到家暴等原因、欲從不幸婚姻中出脫的女性，提供了一扇方便之門。已婚婦女進入此寺後，只要丈夫同意開出「離緣狀」（離婚協議書），則可立從婚姻枷鎖中獲得自由；丈夫若拒簽離婚協議書，則進入「寺法離緣」的程序，寺方課這些婦人大約三年的寺勤（須在寺院住滿三年，後來變成兩年），便認可離婚。

東慶寺是著名的緣切寺，從江戶時代即是助婦女離婚的寺院。（林玉如攝）

這一制度並不是鼓勵離婚，而是一種救濟手段，所以進入此寺的已婚婦女，寺方首先會聽取夫婦雙方不合的理由，若實際狀況不至於離婚，也會調停勸合，因此破鏡重圓的例子也不在少數。現存的東慶寺文書（重文）中即包含許多當年離婚相關的文書。這一特殊制度一直維持到一八七二年，女方可以提出離婚之後才停止。

眾多文人留連的花寺

近代圓覺寺的中興之祖釋宗演，恢復了東慶寺寺觀，一九三五年重建佛殿，供養本尊釋迦如來。原本佛殿則移建於橫濱市三溪園。此外，寺中建有水月堂、客殿，松岡寶藏（寶物館）等。

寺寶方面，水月堂中供養木造水月觀音半跏像（縣文），像高三十四公分，是鎌倉時代作品。水月觀音坐於岩座上，眺望著水上的月光；高高的髮結及柔和的面龐，一定曾使那些躲進東慶寺的女性感動並合掌祈禱吧！

松岡寶藏所藏木造聖觀音立像，是鎌倉時代後期的作品，原是五山尼寺第一位的太平寺所藏，該寺今已廢寺。立像表面是鎌倉特有的土紋裝飾，以黏土和漆等混合，做出立體刺繡紋樣的技法。

東慶寺是日本東國花之寺的百寺之一，寺中庭園多植四季花木，是四季賞花的著名景點。

鎌倉是關東文化人喜歡到訪的地

東慶寺是眾多文化人喜愛參訪的花寺。此圖參道在初春有紅白梅盛開，初夏則盛開花菖蒲（玉蟬花）。（秦就攝）

方，從江戶時代開始就常出現在紀行文（遊記）、川柳[5]中，明治時期以後更常出現在小說、短歌、俳句之中，像文豪夏目漱石便曾到此，向晚年移住鎌倉的釋宗演參禪。文化人往生後不少也選擇此地當作他們的長眠之所，像相當於宗演弟子的鈴木大拙，因推廣禪法到全世界有功，於是和東慶寺相鄰的松岡文庫，便保存了鈴木大拙所收集的各種佛教書籍，而鈴木的墓也在這裡。

此外，京都學派的哲學家西田幾多郎（一八七〇～一九四五年）、和辻哲郎（一八八九～一九六〇年）、日本出版人岩波書店創立者岩波茂雄（一八八一～一九四六年），以及和西田幾多郎並稱戰前日本知性代表的文藝批評家小林秀雄（一九〇二～一九八三年）等，他們都在藝術文化方面有卓越貢獻，並曾獲得日本文化界最高榮譽的文化勳章，最後也都選擇東慶寺為他們長眠之地。

註釋

❶日本曹洞宗創始人道元禪師（一二〇〇～一二五三年）語。

❷在禪宗，塔頭指開山祖師塔之所在地。高僧入寂時，弟子因仰其遺德，不忍驟離塔頭，遂住於一新設之小屋，稱為塔頭支院。至後世，尤以日本，指本寺所屬且為本寺境內之寺院，亦稱為塔頭，換言之是寺院境內的「子院」。

❸日本現代文學中的重要流派之一，以創刊於一九一〇年的文藝刊物《白樺》為中心的作家與美術家形成。該流派受托爾斯泰的影響，強調理想主義與人道主義，主張新理想主義為文藝思想的主流。該派的作家主要有武者小路實篤、有島武郎、有島生馬、志賀直哉、木下利玄、長與善郎等人。

❹老師是禪宗對學德具備的僧侶的敬稱，日本現在多指在僧堂中對於修行僧具有印可資格的師家。

❺川柳是一種文學體，類似俳句，有十七個音節，但不講求季語（季節的詞語），也不一定非恪守五七五的格律，字數略多略少皆可，而且多以人情世故為題材，類似打油詩。

鎌倉五山第三：壽福寺

柏樹森森緣兩分

鎌倉五山壽福寺的建造與幕府之妻有關，是尼將軍為弔亡夫源賴朝而建，開山為鼎鼎有名的榮西禪師，為鎌倉禪宗文化的一座重要寺院。

址 神奈川縣鎌倉市扇谷 1 -17-7
電 0467-22-6607
網 https://www.city.kamakura.kanagawa.jp/kamakura-kankou/meisho/03jufukuji.html

壽福寺總門，可見到寺號「壽福金剛禪寺」，標榜出為禪宗道場。（秦就攝）

壽福寺是神奈川縣鎌倉市臨濟宗建長寺派寺院，寺格是鎌倉五山第三位，山號為龜谷山，寺號為壽福金剛禪寺；開基（創立者）是鎌倉幕府初代將軍源賴朝（一一四七～一一九九年）之妻北條政子，開山（初代住持）為明庵榮西，壽福寺境內是日本國指定史蹟。

為弔亡夫而建寺

壽福寺附近的龜谷，是源賴義出發往奧州❶前，祈禱征戰能勝利凱旋之地，該地是源氏祖先傳承下來的土地，同時也是源賴朝的父親源義朝的舊宅所在。一一八〇年，初入鎌倉的源賴朝，原準備在此建館（幕府），但當時岡崎義實已在此建堂以弔念源義朝，加上土地不夠廣袤，因此變更當初的計畫。

一一九九年，源賴朝妻子北條政子為弔亡夫菩提（祈禱冥福），招葉上房榮西為開山，而在一二〇〇年創建此寺。源賴朝是平安時代末、鎌倉初武將，也是鎌倉幕府第一代征夷大將軍，日本自此進入武家政權時代。

源賴朝落馬意外過世，幕府曾一度暗潮洶湧，還好在北條政子擘畫下轉危為安，她也因此而被稱為尼將軍，從朝廷半獨立出來的幕府政治型態從而確立下來，一直到明治維新，這種政治型態維持了將近六百八十年。

壽福寺在開山榮西之後，還有退耕行勇、心地覺心、圓爾（辯圓）、蘭溪道隆、大休正念（一二一五～一二九〇年）等諸多名僧入寺，是形成鎌倉禪宗文化的一座重要寺院。

柏樹森森的五山伽藍

壽福寺伽藍建有總門、中門、佛殿、庫裡、鐘樓等，佛殿是一六六四年重建。從總門到中門為止的參道及後山的墓地開放，美中不足的是，中門以內的寺境不公開。

佛殿供奉的本尊是釋迦三尊像，中尊寶冠釋迦如來常見於禪宗寺院，坐像高二點七公尺，是室町時代作品，也是這時代中少見的珍貴脫活乾漆造。脫活乾漆是在黏土等所作原型上纏以麻布再以漆固定，在奈良時代有

今日壽福寺的佛殿為一六六四年重建。（秦就攝）

壽福寺墓地有許多名人墓，相傳開基北條政子的五輪塔墓也在其中。圖為文學家大佛次郎墓。（秦就攝）

很多這類作品，中世以後以這種技法所製作的佛像變得稀少，又兩旁侍像則為木造。

在寺寶方面，木造地藏菩薩立像、銅造藥師如來坐像皆為鎌倉時代作品，現寄放於鎌倉國寶館。另有《喫茶養生記》分上、下卷，是榮西禪師勸人喫茶和喫桑所寫的書籍，室町時代也稱之為《茶桑經》，因是日本最早的茶書，自古著名。此外，壽福寺因和榮西禪師的因緣深，此寺也有木造榮西禪師坐像（縣文）。

寺中墓地有明治維新時代的政治家陸奧宗光（一八四四～一八九七年）、俳人高濱虛子（一八七四～一九五九年）、文學家大佛次郎（一八九七～一九七三年）等人的墓；更深處有鎌倉特有的横穴墓，稱為「やぐら」（yagura），相傳北條政子和源實朝的五輪塔墓也在其中。

寺域有四棵柏樹，為市指定天然紀念物，走訪鎌倉五山發現各寺都種了柏樹，且因年代久遠，不少成為天然紀念物。自從孔子說：「歲寒，然後知松柏之後彫也。」（《論語・子罕》）後人便常以松柏作砥礪節操的比喻，如杜甫寫參訪諸葛祠的名詩〈蜀相〉：「丞相祠堂何處尋？錦官城外柏森森。映階碧草自春色，隔葉黃鸝空好音。三顧頻煩天下計，兩朝開濟老臣心。出師未捷身先死，長使英雄淚滿襟。」以森森柏樹暗喻孔明是位忠貞之士。

鎌倉五山的開山及初期的住持，不少是宋、元之際東渡日本的漢人高僧。「此去與師誰共到？一船明月一船風」，除了清風明月，大師們到了日本後，紛紛在新建寺院中種下柏樹，或許還象徵延續法脈的堅定意志。

註釋

❶陸奧國大抵在本州東北部，相當於今天的青森縣、岩手縣、宮城縣、福島縣和秋田縣東北。

鎌倉五山第四：淨智寺

三世佛前娑羅樹

名列鎌倉第四山的淨智寺，與宋僧也有密切的關係，開山分為宋僧兀庵普寧與大休正念，從淨智寺的建立，也可發現禪法能在日弘傳，是宋、日僧齊心弘道的結果。此外，淨智寺的總門、鐘樓門、甘露井、沙羅雙樹都有典故，等著人們去發掘。

址 神奈川縣鎌倉市山ノ内1402
電 0467-22-3943
網 https://www.city.kamakura.kanagawa.jp/kamakura-kankou/meisho/03joutiji.html

懸掛著「寶所在近」額的淨智寺總門。（秦就攝）

佛陀在拘尸那羅城入滅時，臥床四邊有四雙八棵的沙羅雙樹。開香花後，立刻枯萎，變為白色，宛如鶴群。如來涅槃後，其中四樹枯、四樹榮，以表大乘涅槃之常樂我淨，萬代繁榮。

日本古典名著《平家物語》開頭便說：「祇園精舍的鐘聲乃諸行無常的聲響，沙羅雙樹的花色是盛者必衰的示現，驕奢者不能久，如春夜之夢；威猛者終將滅，猶風前之塵。」日本人以沙羅雙樹象徵人世無常。

良質水源谷少，據說此井水質甘甜
可養生延壽，後因道路工程破壞原本

小，予人纖細的感覺，鐘銘記載是曆

淨智寺庭園栽種了許多花木，十分淨雅。（秦就攝）

印度的沙羅雙樹高可達三十公尺，春天開著有如茉莉的白花，而且有不少用途。但這種樹卻不耐寒，在日本要在溫室中才能生長，卻又為何在此出現？

原來淨智寺中的沙羅雙樹並非佛陀入滅時的樹，日本寺院中所種的沙羅雙樹是日人稱作「夏椿」的紅山紫莖，屬落葉喬木，六、七月會開直徑約五公分的五瓣白花，花朵朝開暮謝。因為這些特性，所以日人將紅山紫莖比擬為佛教聖樹沙羅雙樹。但是，淨智寺的沙羅雙樹卻也不是紅山紫莖，而是日本人稱為白雲木的玉鈴花，這種樹在五、六月開白花，有如白雲而得此名。

另外，值得一提的是，南傳佛教包括泰國、緬甸、斯里蘭卡等地，似乎有將開紅花的砲彈樹視為沙羅雙樹的情形，但砲彈樹原產南美，應不會在佛陀時代的印度出現，為何會被廣泛視為沙羅雙樹？有人認為是因其花之美，有人認為是發音像沙羅雙樹，但筆者到目前為止，還無法查出其確切原因，有待識者提供寶貴意見。

註釋

❶無準師範禪師門下四哲為兀庵普寧、西巖了惠、別山祖智、斷橋妙倫。

❷法諱初為辨圓，圓爾是其房號，後以房號做為圓爾的法諱，即聖一國師，其事蹟可參閱法鼓文化出版《禪味京都》。

鎌倉五山第五：淨妙寺

間關鶯語花底滑

你知道鎌倉地名的由來嗎？與淨妙寺有什麼關聯呢？鎌倉第五山的淨妙寺，原是真言宗極樂寺，後來又改為禪宗寺院，到底是怎麼一回事？淨妙寺也是著名的花寺，來此可品茗、賞花，聽水琴聲，是值得一再造訪的鎌倉古寺。

址 神奈川縣鎌倉市淨明寺3-8-31
電 0467-22-2818
網 http://www.city.kamakura.kanagawa.jp/kamakura-kankou/meisho/03joumyouji.html

淨妙寺三門外立著「稻荷山淨妙禪寺」石碑，昭告世人此地為禪宗寺院。（秦就攝）

傳說藤原氏的始祖曾在淨妙寺的山中埋下某物，也使該物成為今天「鎌倉」地名的由來。

淨妙寺即是在這個地方建起的大伽藍，名列鎌倉五山之一，是值得人們認識的鎌倉古寺；而寺中茶室喜泉庵有可發出美妙聲音的水琴窟，在臺灣很少見。

退耕行勇為開山

淨妙寺屬鎌倉市臨濟宗建長寺派的禪宗寺院，山號稻荷山，全名「稻荷山淨妙廣利禪寺」；在鎌倉五山中居第五位，同時也是鎌倉三十三觀音第九札所。

一一八八年，鎌倉幕府第一代征夷大將軍源賴朝的重臣足利義兼（一一五四～一一九九年），招退耕行勇律師（一一六三～一二四一年）創建真言宗極樂寺，即淨妙寺的前身。因此淨妙寺開基（創立者）為足利義兼、開山（初代住持）為退耕行勇。

退耕行勇，俗姓四條氏，號莊嚴房。初學密教，為鎌倉鶴岡八幡宮供僧，並任鎌倉永福寺、大慈寺別當（相當寺院的座主，是統掌一寺的主管）。接受源賴朝、北條政子夫妻的皈依，政子出家剃髮時，擔任其戒師。

一二〇〇年，榮西禪師到鎌倉時，退耕行勇到壽福寺參禪，並入其門下。一二〇六年，行勇繼榮西之後任東大寺「大勸進」職❶；源賴朝也常訪壽福寺行勇。一二一九年，行勇在高野山創建金剛三昧院，成為禪密兼修的道場，後來他又相繼成為鎌倉東勝寺、淨妙寺的開山。

一二五七年前後，建長寺開山蘭溪道隆弟子月峰了然（生卒不詳）任極樂寺住持，乃改此寺為禪剎，寺名則改稱淨妙寺。

一三八六年，足利義滿定淨沙寺為鎌倉第五山，成為鎌倉最重要的臨濟宗寺院之一。

藤原鎌足埋鎌槍

淨妙寺在極盛時期七堂伽藍齊全，占地廣大，且有二十三座塔頭寺院，後因火災等緣故而衰微。江戶時代重建伽藍，現在寺中存有總門、本堂、客殿、庫裡等。

令筆者意外的是，入寺左側有一座花塚，原以為花塚是少男少女悲春傷秋，感嘆人生苦短、青春易逝的情懷，像《紅樓夢》中，林黛玉便為落花做花塚以葬花，還作了一首〈葬花吟〉：「……爾今死去儂收葬，未卜儂身何日喪？儂今葬花人笑癡，他年葬儂知是誰？試看春殘花漸落，便是紅顏老死時；一朝春盡紅顏老，花落人亡兩不知！」

沒想到此寺竟會出現花塚，且此花塚還是寺方所建，並舉行花塚供養，為祭花草而作。法會時，由四位身穿法衣的法師誦經，參與法會如鎌倉華道會等信眾，再依序燒香。

如果追本溯源，日本花道和佛教有關❷，所以鎌倉華道會選擇此寺舉行插花展並不足為奇。

淨妙寺本堂重建於一七五六年，是銅葺屋頂的方丈形式建築，本尊是釋迦如來。堂中另有對婦女病相當靈驗的神明淡島明神立像，所以許多為婦女病所苦的女性專程來此求助。

淨妙寺中著名的花塚。（秦就攝）

本堂後方的開山堂內有六十六公分高的開山退耕禪師坐像（重文），是南北朝時代頂相雕刻的佳作。開山堂中另有木造藤原鎌足（六一四～六六九年）像（以上兩者平日不開放），而境內右手山中有稱為鎌足稻荷的小神社。

藤原鎌足是飛鳥時代的日本政治家，也是藤原氏的始祖，活躍於大化革新以後，是日本天智天皇（六二六～六七二年）的心腹，據說他曾在前往鹿島神宮參拜途中逗留由比之里（今鎌倉）時曾做一夢，夢中有個老人告訴他：「如果在這裡埋下鎌槍，則天下可治。」於是他在白狐帶路下，將自己所拿的鎌槍埋於淨妙寺的深山裡，鎌倉這個地名便是由鎌足的「鎌槍」衍生而出。

本堂後墓地有相傳是足利貞氏（一二七三～一三三一年）之墓的寶篋印塔，據基台銘文知是願罪障消滅、後生善根的「逆修塔」❸。

花團錦簇成花寺

事實上，淨妙寺也是鎌倉著名的

淨妙寺本堂為銅葺屋頂建築。（秦就攝）

「花寺」，是一處四季都花團錦簇的賞花景點，包括紅梅樹、白梅樹、茶花、紫薇、牡丹、銀杏、紅葉，以及參道兩旁的櫻花樹等，都隨著四季的不同，以美麗花色妝點著這座古老寺院。

眾樹之中，紫薇的日本名為「猿滑」，特別有趣，這種樹隨著樹幹變粗變壯，老樹皮的軟木層會剝落，而新樹皮觸感滑溜，於是日本人想像猴子一旦攀爬八成會滑下來，取此樹名為猿滑，來表現此樹的特性，當然實際上猴子並不會滑下來，而且還能輕易爬上去。而華語名為紫薇是因中國唐代的紫微宮中植有許多此樹，故稱為紫薇，因花期較長且開紅花，也稱百日紅。

淨妙寺與許多鎌倉、室町時代所發生的歷史息息相關，故境內為日本國指定史蹟。時至今日，諾貝爾文學獎得主川端康成以鎌倉為舞台的小說作品《山之音》，在一九五四年拍成電影，由當時著名女星原節子主演，淨妙寺附近的「稻荷小路」和「報國寺」等都在該片中出現。

本堂的左側設有茶室喜泉庵，原建於天正年間（一五七三～一五九一年），近年重新開張，在這裡可以一邊欣賞枯山水庭院，一邊品評抹茶。

喜泉庵藏水琴窟

和其他許多茶室一樣，喜泉庵外頭枯山水庭院置了手水缽，以及一個看不見的水琴窟。水琴窟也稱為洞水門、伏缽水門、伏瓶水門，是日本庭園裝置，通常設在手水缽旁的隱蔽處，能從地底發出「間關鶯語花底滑，幽咽泉流水下灘」的美妙聲響。

手水缽通常設立在茶室的入口處，供進行茶道儀式的客人洗手，江戶時代以前原本常利用棄置、毀壞的燈籠或塔等做為手水缽，而這正符合茶道「寂．侘」的精神。到了江戶時代茶室外的露地，手水缽變成不可或缺的裝置，於是由利用天然的物件，改為專為露地而設計的手水缽。

既有洗手裝置，如何排水的問題自然也須考慮，水琴窟即是手水缽的排水裝置，有了這裝置，洗手的動作變成在彈奏「水琴窟」。但早期水琴窟很少被用在日本庭園建築中，甚至到了昭和初期，水琴窟幾乎被大家遺忘。

倒轉的壺是水琴窟最重要的部分，洗手後的流水通過埋在碎石子裡的密

茶室喜泉庵一隅，可在此品茗。（秦就攝）

封壺上部洞口，滴入壺底的儲水處，從而在壺內產生擊水聲，於是從地底傳出像鈴聲或日本琴的聲音，所以這聲音慣稱為「水琴音」。

通常壺的高度在三十公分到一公尺，直徑為三十到五十公分左右，頂端的洞直徑則大約是二公分。表面粗糙未上釉的壺，有助於形成水滴，因此通常使用不上釉的壺，不但如此，許多壺更在上部入口周邊內側，故意做出規則的凹凸，以凝出更大的水滴。大水滴落下時會伴著稱為「從水」的小水滴，大水滴滴落時，在水面所生的碗狀半圓形中，復又滴入小水滴，在半圓形和瓶之間產生回音。此外，水滴滴下的速度，以及固定滴落一處或滴落在多處，都會產生不同的音韻，於是這小小的壺中天地，便可形成「嘈嘈切切錯雜彈，大珠小珠落玉盤」的天籟。

水琴窟可說是手水缽的排水設施，卻可發出美妙的聲音，圖中竹管的作用在於讓水琴窟的聲音擴大。（秦就攝）

壺的底端所盛水的高度會影響水

琴窟的音質，愈深，聲音愈沉靜；愈淺，聲音愈嘈雜。據說水深和空洞的比例，維持在一比十的高度，音質最好，故須有一根排水管確保水位不致過高。

壺的形狀有吊鐘形、銅壺形、龕燈形等，以回音效果而言，吊鐘形最好，但不管何種形狀的水琴窟，都須經過繁細的調整，才能確保發出美好的聲音。

一般水琴窟的聲音在安靜的庭園，直穴上部半徑二公尺以內的地點會很清楚，半徑四公尺以內的地點也可聽到，如果聲音小時，也可裝設竹筒當作擴音設備。

水琴窟猶如地底的風鈴、隱形的吊鐘，清澈流動的聲音令人心情放鬆，一九八〇年代中期以後，因媒體的報導又流行了起來。水琴窟優美的音色，令人在洗手時，心情也能同時放鬆，真如洞山良价禪師所說：「也大奇，也大奇，無情說法不思議！」

註釋

❶順應幕府修復興建寺院的需要，設置「大勸進」一職。鎌倉初期，幕府通過朝廷組織國力，大力修復毀於平安末年戰亂的寺院，其中修建東大寺是最大的工程，所以「東大寺大勸進」一職最受重視。

❷日本花道多寫成華道，其發源一般認為和佛教「供花」有關。著名的池坊流、嵯峨御流等即和京都六角堂、大覺寺有關。

❸佛教稱預修佛事以求死後之福為「逆修」，逆修塔則生前即先修建的墓塔。

關東×其他篇

總持寺

鑁阿寺

鑁阿寺

大日伽藍足利宅

有「東之小京都」美譽的足利市，市內處處是史蹟，例如寺城一體的鑁阿寺，擁有日本最古老的學校，歷任校長多為出家人，因為當時僧侶負起了民眾教育的責任，因此被稱為「寺學問」。

址 櫪木縣足利市家富町2220
電 0284-41-2627
網 http://www.ashikaga-bannaji.org/

被日本列為國寶的鑁阿寺本堂。（秦就攝）

櫔木縣足利市是一座古老的都市，有「東之小京都」之稱，保存了日本最古老的學校足利學校，學校附近街道保留了不少古老建築，令人發思古之幽情，這所被列為日本遺產、世界知名的學校，以前的庠主（校長）多為出家人，竟很少人知道。

足利學校旁的「足利氏宅跡」是日本國史蹟，也是一百名城之一，可是與大家印象中有高牆、聳立天守閣的姬路城有落差，這裡不但不像城，而且現為寺院——鑁（ㄗㄨㄥ）阿寺。多數日本人不會念不會寫「鑁」，「鑁」到底是什麼意思呢？鑁阿寺為何既是寺院，又是名城？

從氏寺、私寺到菩提寺

佛教傳入漢地後，王公貴族常捨宅為寺，北魏人楊衒之所撰《洛陽伽藍記》記載，中國北朝的北魏王公士庶競相捨宅為寺，從太和（四七七～四九九年）末到永熙（五三二～五三四年）的四十年間，修建寺宇高達一千三百餘所；南朝佛法興盛的情況也不遑多讓，例如梁武帝篤信佛教，登基後捨宅為智寶寺，而南朝士大夫捨宅為寺也蔚然成風。

佛教傳入日本後，在皇族、貴族和有力豪族間弘揚的情況和中土相類。自飛鳥時代開始，原先有力氏族不再興建古墳，轉而興建佛教寺院，這些氏族所興建的寺院，即所謂氏寺，具有代表性的例子如蘇我氏所建立的飛鳥寺、藤原氏所建的興福寺、秦氏所建立的廣隆寺❶，弘法大師出生地的善通寺，則是在佐伯的氏寺基礎上興建的寺院。

不管是氏寺或百姓供養三寶所建寺院，並未得到國家的經濟奧援，即所謂的私寺。私寺一多，便容易傳出弊端，於是日本的《大寶律令》出現〈僧尼令〉，規定僧尼不能私建寺院。

不過，朝廷雖言取締，但這與標榜佛教鎮護國家的說法矛盾，故實際上未嚴格實行，於是朝廷乃以私寺為「道場」，不承認私寺是寺院。真正禁止建立私寺是在七八三年，太政官符發出建立私寺禁令。但征夷大將軍坂上田村麻呂卻在七九八年大規模興建伽藍，不過那時平安京（京都）官寺少，所以後來給坂上所建寺院「御願寺」的資格，以準官寺處理，即今日京都著名的清水寺。

基本上，該禁令使得在平安時代，即使貴族也需由天皇許可，才得以興建御願寺、定額寺，或者以既存寺院別院的名義才能夠興建私寺。但日本到了所謂「院政」期，天皇為對抗外戚，乃退位為太上天皇，居住在院，甚至出家為太上法皇，掌握大權。這時期的天皇和上皇無視禁令，積極建立私寺，禁令形同具文，貴族們也爭相仿效。進入中世以後，氏寺漸次改稱菩提寺，同時佛教也由貴族和有力氏族普及到武家和一般民間。

足利家在京都開設室町幕府後，位在櫔木縣的發跡宅邸則捨宅成寺，即鑁阿寺。足利義滿和足利義持兩位幕府將軍分別在往生後，讓北山殿、東山殿也成為佛寺，即今日著名的金閣寺、銀閣寺。

從持佛堂到全宅邸成佛寺

鑁阿寺的「鑁阿」兩個漢字，放在一起是表音不表義，日文讀作「banna」，發音近於梵語「大日如來」的發音。一一九六年，足利氏第二代足利義兼在邸內建持佛堂，供奉大日如來，是此寺的肇始，故至今足利市在地人常稱鑁阿寺為「大日樣」。

所謂持佛堂是日常禮拜的佛像（念持佛）的佛堂，可以是單一建築或房室，日本一般人家的持佛堂指的是供佛像和牌位的「佛間」。奈良時代念持佛多置於廚子和佛龕中，平安時代以後改置於屋中的一室，之後又演變成在獨立的建築物，以及別室設持佛堂。持佛堂除了是供奉所信仰的佛菩薩之處，有時也做為禪坐的場所。江戶中期以後，普遍在家設佛間和佛壇，可謂持佛堂的變形。

第三代足利義氏將持佛堂擴建成寺院，即鑁阿寺，成為足利一門的氏寺。因原本是武家宅邸，故此寺占地幾乎呈正方形，面積更廣達四公頃左右，周圍壘土為牆，挖壕注水，壕溝的寬度和深度均達防禦所需。不過，如今鑁阿寺四周城壕中鯉魚悠游，土牆上的竹木枝枒搖晃映水面，已抹消當年武家宅邸具防禦工事的氣氛。

建築物多指定為古蹟

鑁阿寺外的道路多鋪設石板路，入寺前最早見到的是樓門和反橋。樓門於一五六四年重建，兩側有仁王像，相傳是鎌倉時代著名佛師運慶的作品。反橋又稱太鼓橋，是一樸素的木造拱橋。穿過樓門有相當長的石鋪參道，直抵本堂。

本堂（即主殿，國寶）是歇山式屋頂、本瓦葺，寬和深都是五間（「間」非長度單位，而是指柱間數）。一二九九年建立，其後曾換過全部的柱子，並在正面加向拜。前方二間為外陣，後方三間分為內陣及脇

入鑁阿寺前，會先見到樓門和太鼓橋，橋下水道原是保護足利宅邸的壕溝。（秦就攝）

陣，是密教佛堂的形式。

伽藍建築則以禪宗樣式為基調，斗拱、棧唐戶（推拉式格子門）、豎板壁等均是禪宗式建築的要素，所以鑁阿寺是密教寺院中的禪宗式佛堂的早期例子，是關東禪宗式建築的古例，也是東日本密教的代表性寺院。

鑁阿寺中的多寶塔為全日本最大，右側茂密綠葉即大銀杏樹。（秦就攝）

一九二二年，鑁阿寺以「足利氏宅跡」之名，成為日本的國家史蹟，此後寺內建築幾乎都成國家級或縣級文化財。從本堂到鐘樓、經堂、香爐、花瓶等已指定為國家重要文化財；太鼓橋、多寶塔、樓門、東門、西門、御靈屋、木造大日如來像、木造不動明王坐像等，則指定為櫪木縣的有形文化財。

其中，多寶塔是日本最大的，比此更大的多寶塔則稱為大塔。塔內供奉金剛界大日如來，以及足利、德川歷代將軍位牌。寺中另有一高大銀杏，是櫪木縣指定的天然紀念物，樹高三十公尺以上，江戶時代即已是大樹，常有青年男女相約在此相見，被認為是結緣神木。

出家人當校長

鑁阿寺附近的足利學校，在戰國時代的天文年間（一五三二～一五五五年）有「學徒三千」，著名的天主教傳教士聖方濟．沙勿略（San Francisco Javier）描述，在當時是日本最大、最有名的坂東大學，也是日本現存最古的學校遺跡。

足利學校建立時間，一直是個爭論性的議題，有明確歷史記載，是從室町時代關東管領上杉憲實，重興學校開始，他捐藏書，招鎌倉圓覺寺僧快元為能化❷，使這學校成為研究學問的地方。戰國末期，學校領地因被沒收而沒落，但第九代庠主臨濟僧三要元佶，因受德川家康的信任而得以保住此校。江戶時代，足利學校獲百石領地，又有了固定收入，所以在江戶前期到中期，此校都欣欣向榮。明治維新後，引進新式教育，足利學校才在一八七二年廢校。直到一九八八年才復原方丈、庫裡等建築和庭園，一九九〇年完成整建。

參訪時，從入德門進入，不久可見孔子像，更往前為設於一六六八年的校門，是保存至今的原建築，也是足利學校的象徵性建築。更往前有杏壇門，內為同建於一六六八年的日本最古老孔廟，內有孔子像與相傳創設足利學校的小野篁像。孔廟東側有方丈、庫裡、書院、眾寮等建築，方丈南北兩側設庭園，雖是學校卻和佛寺建築相類似。方丈是上課和學校活動的場所，庫裡是廚房兼餐廳，書院是庠主的書齋，眾寮則是學徒的生活場所，書籍的抄寫都在此進行。

聖嚴法師在其《日韓佛教史略》，也提到足利學校：「由於官設的教育衰微，到鎌倉時代以後，寺院即成了學問的中心，僧侶負起了民眾教育的責任，此被稱為寺學問。」從鎌倉到

上圖：足利學校入德門，門前的石碑說明足利學校的地位。（秦就攝）

下圖：足利學校中的孔廟建於一六六八年，是日本最古的孔廟。（秦就攝）

室町時代，漢學的研究中心主要在京都五山和鎌倉五山，即所謂五山文學，足利學校的「校主由僧侶擔任，教師亦多是僧侶身分。當時的京都，由於五山文學是以詩文為主，對經學之研究，不甚重視。足利學校則受中國宋學新註（朱熹之學）的影響，重視經書之講授」。所以足利學校是日本傳承儒家學燈的學府，曾吸引全日本學者和著名人士到訪，閱覽藏書並研究，是當時知識的網路中心。

日本在導入近代教育制度以前，只有少數人可接受教育，而足利學校對普及近世（江戶時代）的藩校、鄉學、私塾等學校，有很大的影響，也使日本在明治維新之前，就具備了近代化的原動力，現代日本的國民性也因繼承這傳統，而對禮節特別重視，所以此校現已指定為日本遺產（「世界遺產暫定名單」的文化遺產為「日本遺產」）。

昔時足利學校的學徒幾乎全為僧侶，一般人也可得僧籍而在此學習，不需學費。如今，欲入足利學校則需在入德門旁繳交參觀費，但可收到一票券，上書「足利學校入學證」。

註釋

❶飛鳥寺、興福寺介紹請參考法鼓文化出版《禪味奈良》；廣隆寺介紹請參考法鼓文化出版《禪味京都》。

❷能化，原指能教化一切眾生之佛、菩薩，日本對指導學問的長老僧的稱呼，江戶時代以來則稱足利學校的主要負責人為庠主。

總持寺

能登名刹遷橫濱

能登總持寺為何還到橫濱？
與「西新井大師」的總持寺有關係嗎？
橫濱總持寺除了有宏偉的伽藍，
有「三味線地藏」的傳奇，
還有不容錯過的全日本最大三門！

址 神奈川縣橫濱市鶴見區鶴見2-1-1
電 045-581-6021
網 http://www.sojiji.jp/

總持寺大雄寶殿（佛殿），主供釋迦牟尼佛，又供曹洞禪祖師，是此寺一大特色。（秦就攝）

關東地區有兩座名剎都稱「總持寺」，一是西新井總持寺，一是橫濱總持寺。西新井總持寺，居民多稱之「西新井大師」；橫濱的總持寺則和永平寺並列為曹洞宗大本山，值得大家認識。

曹洞宗經道元禪師（一二〇〇～一二五三年）傳入日本，再透過能登總持寺住持瑩山紹瑾禪師的弘傳，到江戶時代已成為和永平寺並列的曹洞宗大本山。該寺原位在伸入日本海的能登半島，後因大火，千里迢迢遷至橫濱。橫濱易於和外國人接觸，故已發展成國際知名的禪修道場，日本曹洞禪文化，也因此寺得以發揚光大。

曹洞宗太祖瑩山禪師

道元禪師在鎌倉時代渡宋，一二二六年回日後，視自己所傳為正傳佛法，未立宗派，並禁止弟子稱所學為特定宗派，他認為如果要稱宗派的話就姑且稱為「佛心宗」。

日本有句話說「臨濟將軍曹洞士民」，意思是臨濟宗經常受到中央的武家政權支持，在政治、文化上有影響力；曹洞宗則在地方武家、豪族、下級武士，以及一般百姓間傳布，對一般人的影響力更甚臨濟宗。

將曹洞宗傳到各地，並稱自己的宗派為曹洞宗的都是瑩山禪師，故曹洞宗尊稱道元禪師為高祖，瑩山禪師為「太祖」，二祖師又合稱「兩祖」。

瑩山禪師出生於一二六八年，母親是位虔誠的觀音信徒。八歲時，母親帶他到永平寺成為沙彌，十三歲正式剃度。瑩山禪師除鑽研佛典祖錄，並行腳各地，又到比叡山修習天台教學，再回到永平寺時，已二十一歲。之後，他隨師移往金澤大乘寺，二十八歲到四國的德島開城滿寺，四年後再回大乘寺。他一生創建多座寺院，五十四歲成為總持寺住持。

根據總持寺《緣起》，該寺位於突出於日本海一角的能登半島，原稱「諸嶽觀音堂」，住持定賢權律師。一三二一年，律師夢見現僧形的觀音說：「酒井永光寺的瑩山乃有德高僧，速去找他，並請其住持此寺。」五天後，瑩山禪師做了相同的夢，禪師便依夢示前往觀音堂，當他正要入山時，定賢權律師與眾多僧侶出來迎接，並將一山委託他。

相傳後醍醐天皇（一二八八～一三三九年）曾有十種敕問問於瑩山禪師，禪師的回答深得帝心，天皇大悅，乃以總持寺為「曹洞賜紫出世第一之道場」，並命人書「總持寺」三字製額，以賜該寺。

繼任瑩山禪師為總持寺住持的是峨山韶碩（一二七五～一三六六年），門下有五位傑出弟子，分別設立五塔頭。一六一五年，江戶幕府以永平寺、總持寺同為曹洞宗大本山，而總持寺貫首由五塔頭住持輪流擔任，這傳統一直維持至一八七〇年，總持寺才又成為獨住制。

一八九八年總持寺失火，受焚風影響火勢擴及全山。面對這變局，貫首石川素童禪師（一八四一～一九二四年）認為不應只是重建伽藍，也應為宗門的使命著想，他毅然決定將全寺遷至橫濱，原本位於石川縣的舊地，則稱「總持寺祖院」。

三味線地藏背後的悲戀故事

總持寺占地遼闊，各堂宇多是二十世紀前半所建的木造建築，少數由其他地方遷建而來，鋼筋水泥建築則是二次大戰後所興建；總持寺包含佛殿在內的十六座建築，則已登錄為有形文化財。

總門是禪宗寺院的第一個門，總持寺的總門是少見的高麗門樣式興建，上掛「三樹松關」匾，是中興之祖石川素童禪師所寫，緣於能登祖院植有三棵龍形松。門左側築地塀有座「延命地藏」聖像，在能登祖院，時人稱「三味線地藏」。

「三味線地藏」故事發生在江戶時代的能登總持寺，相傳能登道下宿場町（驛站）的一間旅店，某天有一位瞽女❶投宿，她扣人心弦的三味線音符，和美妙動人的歌聲打破了夜晚的寧靜，也吸引了從越中來投宿的賣藥郎，於是開窗和她攀談，兩人相談甚歡，便相約共度一生。

隔日清晨，昨晚燭光下看不見的光景，在陽光下都變得一清二楚了，那瞽女不但皮膚粗糙，長相也不甜美，賣藥郎的愛情烈火瞬間被澆醒。兩人一起從旅館出發，途經樹林時，突然

總持寺的總門是少見的高麗門樣式，上掛「三樹松關」匾，緣於能登祖院植有三棵龍形松。（秦就攝）

從林旁河谷傳出尖銳的慘叫聲。

從那時起，只要有人在夜晚經過樹林，就會聽到谷底傳來女子淒厲的叫聲：「救命啊！救命啊！」

數年後，賣藥郎重赴舊地，聽到女子慘叫的傳說，深覺罪孽深重，乃赴總持寺說出推瞽女入深谷中的往事，並請教住持如何贖罪。住持要他在出事地點安置一手持三味線的地藏菩薩，後來賣藥郎也遁入佛門，時時供養地藏菩薩。此後，谷底才不再出現淒慘的求救聲。

曹洞宗宏偉伽藍

參訪總持寺，穿過總門，最先看到的是掛著「諸嶽山」匾額的日本最大三門，三門樓上供養放光菩薩像、十六羅漢像與四天王像。三門同時做為天王殿的例子不少，而供放光菩薩則是根據瑩山禪師的《觀音堂緣起》（重文），禪師因瑞夢而成此山住持，故三門上供養「僧形觀音」，加上「僧形地藏」，稱為放光菩薩。

十六羅漢的供養緣於二世紀師子國（今斯里蘭卡）慶友尊者的《法住記》，記載佛陀臨涅槃時，囑十六羅漢在世間弘揚佛法。但漢譯佛典一直未譯出羅漢之名，直到玄奘法師譯出《法住記》，各羅漢之名才在中土流傳開來，尤其是禪宗寺院。鎌倉末期後，隨著日本禪宗的興盛，羅漢信仰也隨之興盛，道元禪師就著有〈羅漢供養講式文〉，至今總持寺每月初

二、十六都會舉行羅漢供養法會。

日本寺院的食廚也稱為庫院、庫裡，總持寺名香積台，名稱源於《維摩經．香積品》。香積台走廊盡頭有一座高約一八〇公分，號稱是日本最大的大黑尊天木雕。大黑天是七福神之一，在日本可謂家喻戶曉。這尊大黑天頭戴不老帽，右手持小槌，肩背大布袋，兩腿站在裝米的稻草袋上，此造形佛教經典未載，是日本獨特的

上圖：總持寺三門是日本最大的三門，上掛有「諸嶽山」匾額。（秦就攝）

下圖：總持寺香積台負責寺院飲食，一般稱為庫院、庫裡，取名香積台是源於《維摩經 ‧ 香積品》。（秦就攝）

神佛混合造型。香積台的玄關左右木柱上，各掛一巨大飯匙和擂棒，十足具有香積的象徵。

佛殿是七堂伽藍的中心，總持寺佛殿主供釋迦牟尼佛，脇侍為迦葉尊者和阿難尊者，須彌壇的左右壇供禪宗初祖達摩大師和伽藍護法大權修利菩薩，供養此二尊和其他曹洞宗寺院並無二致，但又供曹洞禪祖師洞山良价大師（八〇七～八六九年）與天童如淨禪師（一一六三～一二二八年）才是此寺特色。

總持寺大僧堂中央供奉僧形文殊菩薩像，平時眾僧圍繞此像打坐與辦道。總持寺另有眾寮，是原本的僧堂，供養准胝觀音像，該觀音是東密六觀音之一，具除災、延命、除病、增智慧等作用，現為坐禪堂，對大眾開放。

七堂伽藍的浴室和僧堂、西淨（淨房）合稱為三默堂，禁止談笑。總持寺的浴室供跋陀婆羅菩薩，此菩薩見於《首楞嚴經》，因水而開悟，所以禪宗寺院浴室中安置此像。

待鳳館是總持寺的迎賓館，大有來頭，原是東京千駄谷尾張德川家的舊書院。

紫雲台是總持寺住持的表方丈（方丈室的外廳），其外的紫雲庭園是面積廣達五百坪的池泉回遊式庭園❷，其西北角有茶室「倚松庵」，號稱「昭和名席」，由設計京都高山寺遺香庵等茶室的知名茶人高橋箒庵（一八六一～一九三七年）所設計，

待鳳館原是東京千駄谷尾張德川家的舊書院，現為總持寺的迎賓館。（秦就攝）

附設有長椅的休息亭稱「腰掛待合」，是表現日本茶道的優雅小建築。江戶時期的代表性茶人、作庭家小堀遠州（一五七九～一六四七年）就特別喜愛「腰掛待合」，倚松庵是探索昭和初期茶道世界的重要茶室，故已指定為橫濱市指定文化財。

大祖堂相當於一般寺院的開山堂，規模比佛殿還大，光是瓦形銅版屋頂就重達五十三噸，一九六五年竣工。內中外陣面積達千疊（榻榻米），是舉行各種法會的修行場，內陣最裡處的傳燈院，祀高祖大師、太祖大師、二祖國師、五院開基像，以及獨住禪師們的牌位。

寺中另有放光堂，是大祖堂未完成前，當作大祖堂使用的地方。原總持寺遷至橫濱時，由山形縣鶴岡總穩寺本堂遷建而來，現用以供養信徒牌位。

兼負社會責任的國際禪苑

總持寺不但七堂伽藍具備，還擁有學校法人，在寺旁興辦幼稚園、中學、高中、大學，以及社會福祉法人等，對日本的教育與社會福利做出貢獻。

如今的總持寺位於橫濱郊外，前臨望東京灣、房總半島，背靠富士諸峰，從JR鶴見站下車，步行五分鐘即可抵達，擁有廣達十五萬坪的土地。橫濱是日本的海上玄關，故總持寺已發展成國際知名禪修道場，雖較少古蹟，但其規模宏大，加上居日本曹洞宗重要地位，值得到橫濱遊玩的國人順道參訪。

註釋

❶瞽女是從前日本各地以敲鼓或彈奏三味線，挨家挨戶邊唱歌邊乞討的盲眼女藝人。

❷又稱林泉式，園中以水池為中心，布置島、瀑布、土山、溪流、橋、亭、榭等。通常在大型庭園中常有回遊式的環池設路，或可兼作水面遊覽用的回遊兼舟遊式的環池設路等。

總持寺大祖堂相當於一般寺院的開山堂，現為舉行各種法會的修行場。（秦就攝）

琉璃文學 32

禪味關東——古寺散步

Zen in the Kanto Region:
A Spiritual Tour of the Ancient Temples

著者	秦就
攝影	吳正夫、吳宜菁、林玉如、林后駿、郝名媛、秦就、許翠谷
出版	法鼓文化
總監	釋果賢
總編輯	陳重光
編輯	李金瑛
美術設計	張珮萁
地址	臺北市北投區公館路186號5樓
電話	(02)2893-4646
傳真	(02)2896-0731
網址	http://www.ddc.com.tw
E-mail	market@ddc.com.tw
讀者服務專線	(02)2896-1600
初版一刷	2016年11月
建議售價	新臺幣320元
郵撥帳號	50013371
戶名	財團法人法鼓山文教基金會—法鼓文化
北美經銷處	紐約東初禪寺 Chan Meditation Center (New York, USA) Tel: (718)592-6593 Fax: (718)592-0717

法鼓文化

國家圖書館出版品預行編目資料

禪味關東：古寺散步 / 秦就著. -- 初版. -- 臺北市：法鼓文化, 2016.11
面；　公分
ISBN 978-957-598-731-2(平裝)

1.寺院 2.旅遊 3.日本關東

227.31　　105018807